Coleção
FILOSOFIA
ATUAL

CB067318

Impresso no Brasil, janeiro de 2014

Título original: *Introduction à la Pensée de Xavier Zubiri (1898-1983)*
Copyright © Édition l'Harmattan

Todos os direitos reservados.

Os direitos desta edição pertencem a
É Realizações Editora, Livraria e Distribuidora Ltda.
Caixa Postal: 45321 · 04010 970 · São Paulo SP
Telefax: (11) 5572 5363
e@erealizacoes.com.br · www.erealizacoes.com.br

Editor
Edson Manoel de Oliveira Filho
Gerente Ediorial
Sonnini Ruiz
Preparação de texto e Revisão técnica
Carlos Nougué
Revisão
Aline Naomi Sassaki
Capa e projeto gráfico / diagramação
Mauricio Nisi Gonçalves / André Cavalcante Gimenez
Pré-impressão e impressão
Edições Loyola

Reservados todos os direitos desta obra.
Proibida toda e qualquer reprodução desta edição
por qualquer meio ou forma, seja ela eletrônica ou mecânica,
fotocópia, gravação ou qualquer outro meio de reprodução,
sem permissão expressa do editor.

Coleção
FILOSOFIA
ATUAL

INTRODUÇÃO AO PENSAMENTO DE XAVIER ZUBIRI

(1898-1983)

POR UMA FILOSOFIA DE REALIDADE

PHILIBERT SECRETAN (org.)

TRADUÇÃO
LUIZ PAULO ROUANET

Realizações
Editora

Sumário

Advertência à edição francesa............................ 7
Apresentação dos autores 9
Agradecimentos... 11
Observações técnicas 13

1. Xabier Zubiri (1898-1983)
   Diego Gracia... 15

2. Uma abordagem da filosofia de Zubiri
   Ignacio Ellacuria 33

3. A propósito de *Sobre a Essência*: o realismo de Xavier Zubiri
   A. Robert Caponigri................................. 47

4. A trilogia sobre a inteligência
   Antonio Ferraz Fayos 65

5. Uma filosofia da religião cristã
   Antonio Pintor-Ramos 77

6. Nota sobre a filosofia da religião
   Xavier Zubiri 109

Advertência à edição francesa

Este livro tem por única ambição dar a conhecer um filósofo contemporâneo, Xavier Zubiri (1898-1983), e introduzir numa filosofia da realidade e da compreensão dessa realidade praticamente desconhecida na França.

Deve-se à Espanha a carreira desse pensador exigente – formado tanto em Fenomenologia como em ciências naturais, e profundamente ligado aos valores religiosos – que foi Xavier Zubiri. Para romper com o silêncio que o cerca, reunimos as contribuições de cinco eminentes comentadores espanhóis, cujas respectivas vozes se completam para apresentar o quadro vigoroso de uma obra complexa. Mas não deixemos de fazer justiça ao *Dictionnaire des Philosophes*, da "Encylopaedia Universalis", que consagra a Zubiri quatro colunas assinadas por Alain Guy. Nenhuma tradução de Zubiri foi encontrada.

É à descoberta de um grande desconhecido que convidamos o leitor, aguardando que tradutores corajosos arregacem as mangas para nos ajudar a seguir esse aventureiro do real que foi Xavier Zubiri.

Ph. Secretan

APRESENTAÇÃO DOS AUTORES

Diego Gracia é professor de História da Medicina na Universidade Complutense de Madri e diretor da "Fundación X. Zubiri".

Ignacio Ellacuria foi professor na Universidade Jesuíta de San Salvador (UCA).

A. Robert Caponigri leciona na Universidade Católica da América, Washington, D.C.

Antonio Ferraz Fayos leciona na Universidade Autônoma de Madri.

Antonio Pintor-Ramos é professor de História da Filosofia na Universidade Pontifícia de Salamanca.

AGRADECIMENTOS

Os editores agradecem à Fundación Xavier Zubiri, de Madri, as facilidades oferecidas para a publicação desta obra, e o organizador expressa seu reconhecimento a Gabriel Raphaël Veyret, que se encarregou da correção dos textos, e cujas sugestões contribuíram amplamente para a qualidade da apresentação.

Observações Técnicas

Por razões de legibilidade, optamos por transliterar os termos gregos, em caracteres gregos no original.

Para obtermos os melhores resultados possíveis, atualizamos as referências nas notas de rodapé às obras de Xavier Zubiri que já foram publicadas pela É Realizações; as outras edições permanecem como no original.

1. Xavier Zubiri (1898-1983)

Diego Gracia

A vida

Xavier Zubiri Apaltegui nasceu em 4 de dezembro de 1898, em San Sebastian. Estudou Filosofia em Madri e Louvain, onde obteve a licenciatura sob a orientação de Léon Noël, com um trabalho sobre "O problema da objetividade em E. Husserl: a lógica pura". Após um doutorado em Teologia obtido em Roma, obteve, no mesmo ano, o grau de Doutor em Filosofia em Madri, com uma tese intitulada: "Ensaio de uma teoria fenomenológica do direito". Em dezembro de 1926, foi nomeado para a cátedra de História da Filosofia na Universidade de Madri. Sua docência foi interrompida em 1928 para uma viagem de estudos à Alemanha. De 1928 a 1930, residiu em Freiburg im Breisgau, onde frequentou os cursos de Husserl e de Heidegger. Depois, foi a Berlim (em 1930-1931), onde participou dos seminários de Nicolai Hartmann, Einstein, Schrödinger, Köhler, Goldstein e Mangold. Após seu retorno à Espanha, lecionou novamente em Madri, até sua partida para Roma, em 1936. Foi aí que o surpreendeu o início da Guerra da Espanha. Viveu inicialmente em Roma, depois em Paris, onde frequentou seminários de Física (com de Broglie) e de línguas orientais (com Labat, Benveniste, Delorme e Delaporte). Após o final da Guerra Civil, retornou à Espanha, e lecionou em Barcelona de 1940 a 1942. Neste ano, deixou Barcelona, para retornar a Madri, onde manteve, a partir de 1945, cursos privados de Filosofia, aos quais assistia a elite intelectual da capital. Essa atividade conduziu à criação, em 1947, da Sociedad de Estudios y Publicaciones, uma instituição cultural de caráter privado que Zubiri dirigiu até a morte. Foi nesse âmbito que ele prodigalizou o melhor de seu ensino; e foi no interior dessa instituição que foi criado, em 1971, um seminário de Filosofia destinado ao estudo de sua obra. Após sua morte, em 21 de setembro de 1983, o seminário foi encarregado da publicação de sua obra póstuma.

A obra

A obra filosófica de Zubiri se estende de 1921 até sua morte, em 1983. O autor mesmo distingue três fases em sua trajetória de pensamento. Nós as denominaremos fase fenomenológica, fase ontológica e fase metafísica.

a) A fase fenomenológica. Os trabalhos de Zubiri entre 1921 e 1928 trazem a marca de uma forte influência de Husserl. No prefácio à edição inglesa de *Natureza, História, Deus*, Zubiri descreve essa fase da seguinte maneira:

> [Nessa época] a filosofia achava-se determinada antes dessas datas pelo lema da fenomenologia de Husserl: *zu den Sachen selbst*, "às coisas mesmas". Certamente essa filosofia não era dominante até então. A filosofia vinha sendo uma mistura de positivismo, historicismo e pragmatismo apoiada em última instância na ciência psicológica, um apoio que se expressou como teoria do conhecimento. Partindo desta situação, Husserl criou, com uma crítica severa, a fenomenologia. É uma volta do psíquico às coisas mesmas. A fenomenologia foi o movimento mais importante a abrir um campo próprio ao filosofar enquanto tal. Foi uma filosofia das coisas e não só uma teoria do conhecimento. Esta foi a remota inspiração comum da etapa 1932-1944: a filosofia das coisas. A fenomenologia teve assim uma dupla função. Uma, a de apreender o conteúdo das coisas. Outra, a de abrir o livre espaço do filosofar diante de toda servidão psicológica ou científica. E esta última função foi para

mim a decisiva. Naturalmente, a influência da primeira função é sobejamente clara não só em mim, mas em todos os que se dedicam à filosofia desde aquela data...[1]

De sua frequentação da fenomenologia resultaram, em particular, dois trabalhos: "O problema da objetividade em E. Husserl: a lógica pura" e "Ensaio de uma teoria fenomenológica do juízo". Os artigos "La Crisis de la Consciencia Moderna" (1925), "La Edad Media y Nosotros (1925), "Filosofía del Ejemplo" (1926) e "Francisco Brentano: Psicología" (1926) se situam na mesma perspectiva.

b) A fase ontológica. A estada na Alemanha (1928-1931) marcou de maneira durável o pensamento de Zubiri. Acima de tudo, seu encontro pessoal com Husserl e Heidegger foi um acontecimento promissor. O contato com Heidegger permitiu-lhe avançar nos caminhos da ontologia. Recordando-se desse período, ele escrevia, em 1980:

> Mas minha reflexão pessoal teve dentro dessa inspiração comum uma inspiração própria. Porque o que são as coisas sobre as quais se filosofa? Aí está a verdadeira questão. Para a fenomenologia as coisas eram o correlato objetivo e ideal da consciência. Mas isso, ainda que obscuramente, sempre me pareceu insuficiente. As coisas não são meras objetividades, mas coisas dotadas de uma estrutura entitativa própria. A esta investigação sobre as coisas, e não só sobre as objetividades da consciência, se chamou indistintamente ontologia ou metafísica. Assim a chamava o próprio Heidegger em seu livro *Sein und Zeit* [Ser e Tempo]. Nessa etapa de minha reflexão filosófica, a concreta inspiração comum foi ontologia ou metafísica. Com isso, a fenomenologia é relegada a ser uma inspiração pretérita. Não se trata de uma influência – aliás inevitável – da fenomenologia sobre minha reflexão, mas da progressiva constituição de um âmbito filosófico de caráter ontológico ou metafísico. Um exame ainda que superficial dos estudos recolhidos no volume *Natureza, História, Deus* fará perceber ao

---

[1] "Prólogo à tradução inglesa". In: *Natureza, História, Deus.* Trad. Carlos Nougué. São Paulo, É Realizações, 2010, p. 27.

menos perspicaz que é esta a inspiração comum de todos eles. Era já uma superação incoativa da fenomenologia.[2]

Essa segunda fase começou com a publicação de dois artigos (1933) sob o título de "Sobre el Problema de la Filosofia", seguidos no mesmo ano de dois textos: "Hegel y el Problema de la Metafísica" e "Nota Preliminar a un Sermón de Maestro Eckhart". Em 1934, aparecia "La Nueva Física (Un Problema de Filosofía)". Um ano depois, podia ler-se o famoso trabalho: *En Torno al Problema de Dios*. Em 1937, Zubiri publicava, em Paris, uma "Note sur la Philosophie de la Religion", e no ano seguinte outro opúsculo: "À la Mémoire du Père Lagrange". Em 1941, apareceram os ensaios "Sócrates y la Sabiduría Griega", bem como "Ciencia y Realidad"; depois, em 1942, "El Acontecer Humano: Grecia y la Pervivencia del Pasado Filosófico". A maior parte dessas publicações está reunida em *Natureza, História, Deus*, que representa uma síntese desta segunda fase.

c) A fase metafísica. Após renunciar a seu cargo acadêmico, e a publicação de *Natureza, História, Deus*, começou para Xavier Zubiri um tempo de recolhimento, só interrompido em 1958, quando publicou um breve texto intitulado "El Problema del Hombre", seguido, em 1962, de *Sobre a Essência*, que introduziu na maturidade de seu pensamento. Outra obra, *Cinco Lições de Filosofia* e um artigo, "El Hombre, Realidad Personal", são publicados um ano depois. Seguem-se outros trabalhos: "El Origen del Hombre" (1964), "Notas sobre la Inteligencia Humana" (1967), "El Hombre y Su Cuerpo" (1973), "La Dimensión Histórica del Ser Humano" (1974), "El Espacio" (1974), "El Problema Teologal del Hombre" (1975), "El Concepto Descriptivo del Tiempo" (1976), "Respectividad del Real" (1979). Em 1980, é publicado o primeiro tomo de *Inteligência Senciente: Inteligência e Realidade*; em 1982, o segundo: *Inteligência e Logos*; em 1983, o terceiro: *Inteligência e Razão*. Os opúsculos dos anos 1980 tratam de temas diversos: "Reflexiones Teológicas sobre la Eucaristía" (1981), "Prólogo a la Traducción Inglesa de *Naturaleza, Historia, Dios*" (1980) e o "Discurso de Recepción del Premio

---

[2] *Op. cit.*, p. 14.

Santiago Ramon y Cajal a la Investigación Científica" (1982). Pouco antes de sua morte, Zubiri ainda trabalhava em uma obra consagrada ao tema *El Hombre y Dios*, que só foi publicada em 1984. Desde então, a publicação de sua obra póstuma prosseguiu. Em 1986, *Sobre el Hombre*; em 1989, *Estrutura Dinâmica da Realidade*; em 1992, *Sobre el Sentimiento y la Volición*; em 1983, *El problema Filosófico de la Historia de las Religiones*; em 1994, *Los Problemas Fundamentales de la Metafísica Occidental*; em 1996, *Espacio, Tiempo, Materia*; em 1997, *El Problema Teologal del Hombre: Cristianismo*; e em 1999, *El Hombre y la Verdad*.

A obra filosófica da maturidade se destaca por sua grande coerência interna. No prefácio à tradução inglesa de *Natureza, História, Deus*, Zubiri caracteriza esta terceira fase, metafísica, da seguinte maneira:

> A esta etapa se seguiu, pois, uma nova. Porque são a mesma coisa metafísica e ontologia? São a mesma coisa realidade e ser? Já dentro da fenomenologia, Heidegger vislumbrou a diferença entre as coisas e seu ser. Com o que a metafísica passava para ele a fundar-se na ontologia. Minhas reflexões seguiram uma via oposta: o ser se funda na realidade. A metafísica é o fundamento da ontologia. O que a filosofia estuda não é a objetividade nem o ser, mas a realidade enquanto tal. A partir de 1944 minha reflexão constitui uma nova etapa: a etapa rigorosamente metafísica.
>
> Nela recolho, como é óbvio, as ideias cardeais da etapa anterior, ou seja, dos estudos já publicados neste volume. Mas estas ideias adquirem um desenvolvimento metafísico para além de toda objetividade, e para além de toda ontologia.
>
> Tarefa que não foi fácil. Porque a filosofia moderna, dentro de todas as suas diferenças, esteve fundada sobre quatro conceitos que a meu modo de ver são quatro falsas substantivações: o espaço, o tempo, a consciência, o ser. Pensou-se que as coisas estão no tempo e no espaço, que são todas apreendidas em atos de consciência, e que sua entidade é um momento do ser. Pois bem, a meu modo de ver isso é inadmissível. O espaço, o tempo, a consciência, o ser

não são quatro receptáculos das coisas, mas tão somente caracteres das coisas que são já reais; são caracteres da realidade das coisas, de coisas – repito – já reais em e por si mesmas. As coisas reais não estão no espaço nem no tempo como pensava Kant (seguindo a Newton); as coisas reais são espaçosas e temporais, algo muito distinto de estar no tempo e no espaço. A intelecção não é um ato de consciência como pensa Husserl. A fenomenologia é a grande substantivação da consciência que corre na filosofia moderna desde Descartes. No entanto, não há consciência; há tão somente atos conscientes. Tal substantivação já se havia introduzido em grande parte da psicologia do final do século XIX, para a qual atividade psíquica era sinônimo de atividade da consciência, concebendo-se todas as coisas como "conteúdos de consciência". Ela criou inclusive o conceito de "a" subconsciência. Isso é inadmissível, porque as coisas não são conteúdos de consciência, mas tão somente termos da consciência: a consciência não é o receptáculo das coisas. Por seu lado, a psicanálise conceituou o homem e sua atividade referindo-se sempre à consciência. Assim nos fala d*a* consciência, d*o* inconsciente, etc. O homem será em última instância uma estratificação de áreas qualificadas com relação à consciência. Essa substantivação é inadmissível. Não existe "a" atividade da consciência, não existe "a" consciência, nem "o" inconsciente, nem "a" subconsciência; há somente atos conscientes, inconscientes e subconscientes. Mas não são atos da consciência, nem do inconsciente, nem da subconsciência. A consciência não executa atos. Heidegger deu mais um passo. Ainda que de forma própria (que nunca chegou a conceituar nem a definir), levou a cabo a substantivação do ser. Para ele, as coisas são coisas no e pelo ser; as coisas são por isso entes. Realidade não seria senão um tipo de ser. É a velha ideia do ser real, *esse reale*. Mas o ser real não existe. Só existe o real sendo, *realitas in essendo*, diria eu. O ser é tão somente um momento da realidade.

Diante destas quatro gigantescas substantivações, do espaço, do tempo, da consciência e do ser, tentei uma ideia do real anterior àquelas. Foi o tema de meu livro *Sobre a Essência* (Madri, 1962): a filosofia não é filosofia da objetividade nem do ente, não é fenomenologia nem ontologia; é filosofia do real enquanto real, é metafísica. Por sua vez, a intelecção não é consciência; é mera atualização do real na inteligência senciente. É o tema do livro que acaba de publicar-se, *Inteligência Senciente* (Madri, 1980).[3]

O pensamento

A filosofia de Xavier Zubiri parte sempre da análise da apreensão (*aprehensión*) da realidade pelo homem. Certamente, a filosofia poderia examinar as coisas fora dessa apreensão e independentemente dela, ou deveria fazê-lo; mas semelhante exame careceria de profundidade se ela se privasse da referência ao que possui de originário e insuperável no que se dá à apreensão. A imagem da consciência pura, segundo Husserl, a *aprehensión*, segundo Zubiri, portanto, possui prioridade absoluta e se aproxima do domínio da "filosofia primeira".

No ato de apreensão, distinguem-se dois aspectos: a intelecção da coisa mesma, e as coisas enquanto apreendidas pelo intelecto. Zubiri os considera como dois momentos igualmente originários, pois nenhum deles é anterior ao outro. O realismo antigo concede à coisa prioridade sobre o conhecimento; já o idealismo situa o conhecimento antes da realidade. O primeiro funda a metafísica no sentido clássico – e algo pejorativo. O outro funda a teoria do conhecimento (crítica, epistemologia). Ambos constituem erros perigosos. Pois, se pusermos a questão filosófica de maneira radical, veremos que o saber e a realidade são igualmente originários e, desse modo, inseparáveis.

Isto significa que sem a realidade não há saber; mas, igualmente, sem o saber não há realidade; a realidade – como Zubiri gosta de afirmar – é o caráter formal sob o qual a coisa se efetiva para o homem na apreensão. "Realidade é o caráter formal – a formalidade – segundo o qual o apreendido é algo 'em próprio', *algo* de seu. E saber é apreender algo segundo essa formalidade."[4]

O saber elementar, primário e originário, portanto, não é conhecimento no sentido de uma epistemologia, mas apreensão de

---

[3] Ver a esse respeito a contribuição de A. Ferraz Fayos, p. 65-76 do presente livro.
[4] Xavier Zubiri, *Inteligência e Realidade*. Trad. Carlos Nougué. São Paulo, É Realizações, 2011, p. XL.

alguma coisa segundo a formalidade do real. É o que Zubiri chama de *intelección*. Assim, *na* apreensão (mas não para além dela), a *intelecção* (isto é, a atualização da coisa em sua formalidade, em seu "em próprio" ou seu "de seu") e a *realidade* (isto é, a formalidade – o "em próprio", o "de seu" – segundo a qual a coisa é atualizada) são duas grandezas inseparáveis. Um fenomenólogo ortodoxo diria que se trata de dois correlatos intencionais. Já Zubiri não vê aí uma relação, mas uma reciprocidade (*respectividad*); já não uma intencionalidade, mas uma atualidade (*actualidad*). Atualidade não significa tornar-se atual no sentido de se tornar presente. A atualidade consiste no simples estar-aí (*estar*). Na intelecção, as coisas simplesmente "estão aí". Como? Atualizadas:

> Atualidade é um estar, mas um estar presente desde si mesmo, desde sua própria realidade. Por isso, a atualidade pertence à própria realidade do atual, mas não acrescenta, nem tira, nem modifica nenhuma de suas notas reais. Pois bem, a intelecção humana é formalmente mera atualização do real na inteligência senciente.[5]

A intelecção é a simples atualização do real. Retenhamos os três conceitos de intelecção, realidade e atualidade. Eles designam três aspectos de um ato único: o ato de compreensão, que é ao mesmo tempo senciente e inteligente. Se, ao relacionarmos esse saber sensitivo e intelectivo à tradição dos gregos, nós o denominarmos *noûs*, deveremos distinguir esses três momentos como o momento de intelecção, ou noético, o momento de realidade, ou noemático, e o momento de atualização, ou noergético.

Esses três momentos correspondem às três partes de que se compõe, em sua mais ampla coerência, a "filosofia primeira" de Zubiri.

A intelecção
O momento noético da apreensão cognitiva

Em *Inteligência Senciente*, Zubiri submeteu a intelecção humana a uma análise detalhada. Desde as primeiras páginas, ele explica que só visa a "descrever" o ato de apreensão das coisas tal

---

[5] *Idem*, p. LV-LVI.

como o pratica o homem. Segundo Zubiri, o erro constante das teorias do conhecimento consiste em ter não descrito, mas interpretado e teorizado. Toda a filosofia clássica, de Parmênides a Descartes, repousa sobre uma interpretação unilateral, há muito tempo discutida. Ela parte da ideia de que nossos sentidos nos comunicam o aspecto exterior e modificável das coisas, e que só a razão é capaz de atravessar o acidental para atingir o essencial. Essa interpretação conduz a uma teoria dualista de caráter metafísico, que é o oposto do que ensina a experiência. Resulta disto o que Zubiri chama de inteligência conceitual (*inteligencia concipiente*), ou seja, concretamente: uma das formas históricas do idealismo filosófico.

A física moderna de Galileu e Newton abalou essa construção até os fundamentos, e forçou a filosofia a traçar novos caminhos. A metafísica da razão foi substituída pela crítica do conhecimento, que alcançou a maturidade com Kant. A primeira questão que a filosofia deve se colocar – como é o caso de Kant – é saber se a metafísica atende às condições de uma ciência. A resposta da *Crítica da Razão Pura* é negativa: a metafísica não atende às condições requeridas pela teoria do conhecimento para um saber científico e objetivo. A crítica kantiana, todavia, não se baseia numa análise do intelecto humano tal como ele opera na realidade. Foi preciso conceber, então, outra teoria. Ora, as novas concepções conservaram o antigo dualismo, separando nitidamente o sentir e o compreender do homem. Zubiri fala de "inteligência sensível" para designar o que resulta desse processo; é nela que se funda todo o idealismo transcendental da Modernidade.

Pode-se ir além? A filosofia pode superar tanto a fase metafísica quanto a fase crítica, e adotar um caminho radicalmente novo? Zubiri admite que é preciso pelo menos tentar. Certamente, ele não foi o primeiro nem o único a se impor essa tarefa, e não conduziu essa aventura solitariamente. O que Husserl pedia à sua Fenomenologia era que colocasse o problema do conhecimento sobre uma base mais fundamental do que a da teoria do conhecimento, tomando emprestada a via de uma descrição dos dados imediatos da consciência. Zubiri, jovem discípulo de Husserl, foi testemunha de seu esforço por apresentar os problemas da filosofia de maneira probatória. Porém ele reconheceu igualmente que esse esforço desembocava em novo idealismo, pois a descrição fenomenológica só se relacionava aos objetos constituídos pela consciência pura. Foi o que observaram dois eminentes discípulos de Husserl: Ortega y Gasset e Heidegger.

O pensamento de Zubiri, portanto, não pode ser deduzido unicamente dessa tradição. Ele não se contenta em centrar sua análise da *apreensão* na consciência (Husserl), na vida (Ortega) e no ser (Heidegger), mas tenta uma abordagem desse "em que", de fato, consiste a percepção humana: o "sentir". Ora, como o sentir humano é sempre material, o ponto de partida da descrição zubiriana não se qualifica, de modo algum, como idealista. Por meio dos sentidos, o homem percebe coisas materiais. "Coisa", portanto, não deve ser tomado no sentido da *substância* da metafísica clássica, nem do *objeto* da filosofia moderna, mas no sentido amplo de *nota* – dado. Pensemos, por exemplo, no calor, que o homem percebe mediante os sentidos, mas de maneira bem diferente do animal. No animal – ao que parece –, o calor não passa de um estímulo calórico que provoca uma reação objetiva (por exemplo, a fuga). De maneira mais geral: as "coisas", para o animal, são estímulos objetivos que provocam uma resposta; para o homem, trata-se de realidades.

Zubiri extrai desse princípio numerosas consequências, cujas principais são: em primeiro lugar, "realidade" não significa a coisa "por si", como a entendia a antiga metafísica, nem a coisa "para mim", como o pretende o subjetivismo moderno. A realidade precede tanto o "por si" quanto o "para mim"; ela é um "de seu", "*ex se*". Em segundo lugar, essa formalidade do "de seu" determina o sentir humano, diferentemente da sensação animal, como um "intelliger sentant". Assim, para Zubiri, a *inteligência senciente* se distingue da *inteligência concipiente* da metafísica e da *inteligência sensível* da época moderna.

Isto nos introduz na Trilogia sobre a Inteligência. O primeiro volume – *Inteligência Senciente/Inteligência e Realidade* – tem por objeto o que Zubiri chama de *apreensão primordial* [*aprehensión primordial*], que todavia só representa um aspecto da apreensão humana: o momento individual. A esse momento se liga sempre outro, que Zubiri chama de "campo" (*momento campal*). Enquanto o primeiro atualiza a realidade da coisa, isto é, faz com que eu conheça o *que* é uma realidade, o segundo momento me manifesta a coisa entre outras coisas, o que atualiza *o que* uma coisa é *na realidade*.

A análise da intelecção dirigida para um campo constitui o objeto do segundo volume: *Inteligência e Logos*. O modo de intelecção que se chama "logos" consiste na atualização de certas coisas em relação com outras apreensões em um "campo". É somente em relação com as outras coisas reais desse campo que cada coisa singular é *o que* é. E é isso o que a define em sua realidade.

Essa definição conduz à asserção, ao juízo. Para julgar o que é uma coisa entre outras, é preciso, primeiramente, tomar distância, afastar-se e deter-se, a fim de observar as coisas em seu campo. Dessa observação resulta o que Zubiri, diferenciando-a da "apreensão primordial", chama de *simplex aprehensio* – mas fornecendo a essa expressão uma significação totalmente diferente daquela que ela geralmente possui em filosofia. Zubiri a definiu como a livre criação ou a postulação, a partir desse campo, do que "seria" o conteúdo de realidade de uma coisa quanto à sua "presença" (imagem de percepção), a seu "ser assim" (projeção da imaginação) e a seu "ser isto" (conceito). O romance, por exemplo, utiliza imagens de percepções e as projeções da imaginação. Já a matemática opera com conceitos puros.

Mediante essa distância, e graças a essas imagens de percepção, a essas projeções da imaginação e a esses conceitos, o intelecto retorna às coisas reais das quais se afastou e já não está à procura do que "seriam" as coisas reais, mas antes do que "é" a realidade. Já não se trata, então, de uma simples apreensão, mas de uma "intelecção afirmante". O retorno do campo para a coisa conduz, inevitavelmente, ao juízo, no qual se afirma o que a coisa é "na realidade".

Chegado a esse ponto, parece útil lembrar que ainda estamos na análise do que são as coisas *na* apreensão cognitiva, e não *além* desta. As asserções e juízos não concernem à existência, mas à realidade; ou mais precisamente: à realidade no ato de apreensão. Já se afirmou: no saber humano, podem-se distinguir dois aspectos: o momento "individual" (cujo correlato é a apreensão originária) e "o que pertence ao campo" (que culmina no juízo de asserção que chamamos de "logos"). Na apreensão originária, a coisa se atualiza para nós como real; no logos, em contrapartida, nós a reatualizamos, afirmando o que ela é na realidade. Em ambos os casos, trata-se exclusivamente da coisa enquanto apreendida numa "apreensão".

Resta um último grande problema: o que são as coisas além da apreensão? Esclarecer, essa é a tarefa da razão. A razão não procura compreender se as coisas são reais ou são na realidade, mas o que elas são *na realidade*, isto é, fora da apreensão, e além dela. A razão se coloca a questão, pois ela é levada a isso pela realidade atualizada na apreensão. A coisa se impõe a nós como sendo "de seu" real, e se põe como tal coisa no campo do real. Isto já representa bastante, mas não esgota a riqueza da realidade, nem as possibilidades do intelecto. O que, na "apreensão", é apreendido da coisa leva-nos a examinar sua realidade para além da apreensão, ou seja, no mundo. Descobrir o que são as coisas no interior da realidade do mundo exige um procedimento intelectual rigoroso. Na apreensão originária, reconheço a cor como real, e no logos afirmo que ela é verde. A apreensão oferece realmente e efetivamente isso. Mas chega o momento em que me interrogo sobre a realidade mais profunda da cor. Nesse momento, para o cientista, por exemplo, a cor se torna um comprimento de onda. É precisamente nisto que consiste o trabalho da razão científica e metafísica: a análise em profundidade do que são as coisas na realidade do mundo.

Abordamos assim os temas do terceiro volume da trilogia: *Inteligência e Razão*. A razão é pesquisa, investigação, *Intellectus quaerens*. Sua atividade, nós a chamamos de "pensar". As coisas "dão que pensar", elas nos forçam a pensar. O objetivo da razão é o "conhecimento", mas nem toda intelecção é conhecimento; só a razão conhece. De fato, esse terceiro volume contém a chave da crítica da teoria do conhecimento e da filosofia da ciência. Zubiri distingue aí três problemáticas da razão: a *objetidade*, o método e a verdade da razão. É somente por intermédio do conhecimento racional que a coisa recebe suas qualidades de objeto; o método é um caminho, não estritamente falando de conhecimento, mas de realidade. Do mesmo modo, ela não equivale ao "raciocínio" ou à "lógica". Seu fim é a experiência, que Zubiri considera como um "exame físico da realidade". Quando produzimos, por meio da razão, projeções da realidade, devemos retornar à realidade, a fim de que esta confirme ou rejeite essas projeções. No primeiro caso, assiste-se ao encontro sobre o qual repousa a "verdade de razão". As coisas, ou o real da verificação, dão-nos razão (ou não). A razão está sempre em busca de uma projeção do possível, de uma projeção intelectual do que a coisa real, como elemento do mundo, "poderia" ser. Daí a necessidade de que a realidade verifique a razão na experiência. Por seu lado, a verificação requer ser compreendida de modo dinâmico. Ela sempre implica, e de maneira exclusiva, uma "via de verificação", como diz Zubiri. E é essa via de verificação que qualifica a experiência. Do mesmo modo, a verdade de razão é sempre ao mesmo tempo lógica e histórica – formas às quais Zubiri acrescenta a razão poética. Há duas formas fundamentais da razão: a forma científica, que considera as coisas em seu estar-aí, e a forma metafísica, que analisa essencialmente o domínio transcendente. Juntas, elas representam as principais projeções teóricas que o homem faz do que podem ser as coisas enquanto momentos da realidade.

Zubiri conclui assim sua análise da intelecção humana, isto é, do momento noético da "apreensão", no qual se encontram não só "atos intelectivos", mas igualmente "afetos" e "volições". Do mesmo modo, ele não tem nenhum escrúpulo em aceitar, ao lado do intelecto senciente (*intelligencia sentiente*), um sentimento afetivo (*sentimiento afectante*) e a vontade desejante (*voluntad tendente*), ainda que não tendo analisado em detalhe, por enquanto, senão o intelecto senciente. Por outro lado, a percepção contém não só o momento noético, mas ainda o momento noemático, que guia nossa atenção para um novo domínio: o da estrutura formal da realidade.

A realidade
O momento noemático da apreensão cognitiva

Na apreensão, nós atualizamos o que nos deixa uma "impressão". É, portanto, alguma coisa "outra" que se atualiza.

A essa "outra coisa" Zubiri chama: o dado. O dado é simplesmente o que se apresenta com a impressão. Reconhecem-se aí dois momentos: um momento específico de "conteúdo" e um momento não específico de "formalidade". A formalidade é o modo sob o qual o conteúdo do dado é "retido" na apreensão. Nesta, o dado permanece "em seu si próprio", ou "de seu", o que significa que ele é em si independente. Há, portanto, uma "autarquia constitutiva", que Zubiri chama de "substantividade". Esta, por sua vez, é "elementar" quando se resume a um só dado. Em contrapartida, se o que nós apreendemos é um "de seu" complexo, que se atualiza em numerosos dados, produz-se uma cisão entre o "de seu" substantivo e os dados, que não são substantivos. Ora, todo dado é igualmente "dado de" todos os outros dados, e isto de tal maneira, que entre todos esses dados se constitui um *status constructus*, ou seja, um "sistema". A substantividade não é então elementar, mas "sistêmica". Na substantividade sistêmica, a unidade constitui um "in", que é sua interioridade, enquanto o dado é a projeção ou o "ex" dessa unidade: a "ex-trutura" dessa "cons-trução". A estrutura é a forma da interioridade da construção. Porém o "in" não é somente formado, ele é igualmente atualizado nos dados, que, por sua vez, apresentam três dimensões: a *talidade*, a *coerência* e a *constância*.

A talidade é o momento específico ou "material" do "de seu". Esse "de seu" é esta coisa concreta, por exemplo, um cristal de rocha ou um cão. E o que "talifica" como tal a realidade é o conteúdo do dado. Conforme o dado, as "talidades" se organizam em "formas" e em "modos" de realidade. Verde é a forma do "ser-verde" que possui realidade. As coisas reais não se distinguem somente por seus dados, portanto, mas ainda pela modalidade de seu "para si". Em princípio, Zubiri distingue três "modalidades": o puro "residir propriamente em si", o "possuir-se a si mesmo" e o "ser uma pessoa". As "formas" e as "modalidades" constituem as ordens da "talidade".

A transcendentalidade é o momento não específico ou formal do "de seu". Representa o lado positivo do negativo: não ser especificável. O "trans" indica a "formalidade" da realidade, que consiste em transgredir o conteúdo específico, "talitativo", de uma coisa. Essa transgressão, por sua vez, contém quatro aspectos, que

Zubiri chama de: "abertura", "respectividade", "ser si-mesmo" e "mundanidade". O "de seu" é uma "abertura respectiva" a seu próprio conteúdo, que constitui o "ser si-mesmo", e à realidade *simpliciter* que confere sua origem à "mundanidade". Devido à sua localização no mundo, as coisas possuem diferentes configurações, que apresentam dois tipos: o da "integração", próprio de todas as realidades não pessoais, e o de "absolutização", que é um traço específico da pessoa humana.

Pelo mero fato de sua realidade, as coisas "estão aí", isto é, elas possuem uma atualidade. O ser é a atualidade das coisas reais no mundo. A atualização é "temporal" e consiste em "ser sendo". A expressão adverbial correspondente é "durante".

Estes parágrafos tentam resumir os estudos que Zubiri consagrou aos transcendentais primeiros (de "realidade" e de "mundanidade"). Trata-se, agora, de levar em conta os transcendentais clássicos: *verum, bonum* e *pulchrum*. Zubiri só examinou o primeiro. Na apreensão, o intelecto "ratifica" a realidade apreendida. A ratificação é a forma originária e fundamental na qual a verdade é acessível à intelecção senciente. Zubiri a denomina: "verdade real". Assim como a realidade compreende três dimensões – talidade, coerência e constância –, a ratificação funda as três dimensões da verdade real ("riqueza", "quid" e "estabilidade"), segundo os três gêneros de ratificação que Zubiri determina como "manifestação", "segurança" e "constatação".

Essa ratificação conduz do princípio de alteridade ao de "força de atração". Com efeito, não somos nós que possuímos a verdade, é a verdade real que nos toma e nos guia.

A "religação"
O momento noergético da apreensão cognitiva

A realidade não se apresenta a nós somente na intelecção (no momento da alteridade), mas ela nos submete à sua força de atração própria. Mais do que possuir a verdade da coisa, o homem se encontra submetido a ela. A força de atração que domina o homem é o terceiro momento da apreensão. Essa força emana das coisas e se exerce sobre o homem em situação de *apreensão*. Ela o atrai como uma força "última", "possibilitante" e "motivante". O homem se realiza "na" (força última), "devido à" (força possibilitante) e "sob efeito da" (força motivante) realidade atualizada na apreensão. Zubiri chama de "fundamentalidade" do real o caráter fundador – quanto ao homem – da realidade. Devido a seu caráter fundador, a realidade se atualiza para o homem como força. Zubiri fala, portanto, da "força do real":

> A força do real é o fundante que funda dominando-me (...). Por sua vez, a dominação nos recoloca na realidade. Porém essa dominação paradoxal, exercendo-se sobre mim, deixa-me inteiramente livre diante do que me dominou. A dominação se efetua, por conseguinte, de maneira tal, que somos ligados à força do real, mas a fim de que sejamos relativamente absolutos. Esse vínculo é uma "religação". Estar ligado à força do real significa que nós nos apoiamos sobre ela para sermos relativamente absolutos (...). Vista desse modo, a pessoa é não somente independente das coisas, mas constitutiva e formalmente re-ligada à força do real.[6]

Contudo, no homem, a "atração dominadora" não se atualiza unicamente pela "religação", que está no fundamento de toda religiosidade, mas igualmente pela "obrigação", que é o fundamento de toda moral. Em ambos os casos, trata-se de aspectos "formais" que não são congruentes com "conteúdos" concretos. Entendo por isso que nem a "religação" se identifica com conteúdos concretos, nem a obrigação com leis morais específicas. Trata-se de momentos formais, transcendentais, não específicos, suscetíveis de receber qualquer conteúdo concreto que possa ser situado. Simplesmente, eles precisam sempre possuir um conteúdo qualquer. Para o homem, o momento formal da "religação", sem conteúdo concreto (mesmo que seja de caráter ateu), é tão impensável quanto o momento formal da obrigação sem conteúdos morais concretos. Entretanto, a "religação" e a obrigação se articulam de maneira bem mais precisa. Assim, somos ob-(l)rigados a alguma coisa porque estamos re-ligados à força que nos permite ser. A "religação" é então o fundamento de toda obrigação moral.

---

[6] Xavier Zubiri, *El hombre y Dios*. Alianza Editorial, Madrid, 1984, p. 92 ss.

Por meio dessa análise, Zubiri tenta dominar o que ele chama de mal secular da teodiceia, a saber, a "reificação" de Deus. Assim como, em sua análise da intelecção, ele rejeita a atual logificação do intelecto pelos filósofos e, com sua análise da realidade, sua redução, clássica, ao ente, do mesmo modo ele apanha agora os autores da desvalorização de Deus em "realidade de objeto". A filosofia rebaixou a Realidade divina ao nível do ente (tratando-a como a uma "realidade de objeto") e subordinou o saber que temos dela à lógica (fazendo da relação espiritual com Deus uma "prova"). A "religação" não nos abre caminho para uma "realidade de objeto" chamada "Deus", mas para essa "realidade fundamental" intramundana, para a "divindade" que é a "força do real". A "religação" conduz, assim, a uma experiência que se efetua necessariamente em todo homem, e que representa uma dimensão essencial da existência humana. Mais ainda: ela é sua dimensão fundadora última. Em sua vida, o homem se comporta em relação à realidade fundada de maneira a extrair finalmente de sua existência uma imagem (positiva ou negativa) desse fundamento fundado, uma semelhança ou deformação da "divindade". O Deus real (e não conceitual, lógico ou ideal) de cada pessoa – seja esta crente, agnóstica ou ateia – não procede, em princípio, da aceitação ou da recusa conceituais de sua existência, resultando de uma teoria, mas da semelhança ou deformação do fundamento fundado que o homem, pelo simples fato de viver, elabora a partir de sua própria realidade. O problema de Deus é o problema do homem, e vice-versa.

A particularidade do crente em relação ao agnóstico e ao ateu não reside na "religação" e em suas consequências, comuns a todos os homens, mas na afirmação de que esse fundamento é uma realidade absolutamente pessoal, e não uma pura matéria ou nenhuma outra coisa desse gênero. Somente uma realidade pessoal pode ser, para o homem, o fim de sua "veneração", e, portanto, igualmente, o objeto de sua "fé". Zubiri define essa fé não como um juízo emitido por ocasião de um testemunho, mas como uma devoção a uma realidade pessoal. Essa devoção abrange três momentos, que Zubiri chama de "respeito", "prece" e "refúgio", e que correspondem aos momentos da realidade compreendida como "última", como "possibilitante" e como "motivante". A devoção, ou o abandono, à realidade de Deus como "última" engendra o "respeito", cuja essência é a adoração. A devoção/abandono a Deus como "possibilitante suprema" é a razão do respeito em forma de prece. Enfim, a devoção/abandono a Deus como "motivante suprema" é um repouso nele, recebido como força de vida. O crente faz para si, sob essa forma, uma imagem concreta de Deus, que não é o Deus dos filósofos nem o "motor imóvel" de Aristóteles, mas a Pessoa absoluta que se adora, à qual se ora e junto à qual se busca refúgio.

Esse Deus, realidade absoluta infinita, formou sua própria vida divina de maneira finita e limitada: trata-se do mundo, que, assim, contém a Deus de maneira concreta e finita. Deus, portanto, não é transcendente para além das coisas, mas transcendente *nas* coisas. Do mesmo modo, a experiência das coisas é formalmente a experiência de Deus. A inerência de Deus às coisas culmina no homem, que enquanto pessoa participa, em grau infinitamente superior, da vida divina. De onde a bela fórmula de Zubiri: "O homem é uma maneira finita de ser Deus". O homem é Deus, mas sob forma finita.

Nossa época pôs o problema de Deus de maneira bem radical. Deus já não pode ser representado como um "objeto" do qual se apodera certo grupo de pessoas que se destacam das outras. Deus é o "fundamento" em que consiste a vida dos homens. Diante do problema de Deus, duas tendências se enfrentam: há aqueles que negam que Deus seja o fundamento do mundo, o que conduz ao "niilismo" radical; e há aqueles que vêem Deus em toda parte e que aceitam, assim, uma espécie de "panteísmo". Em estrita lógica, essas duas posições podem se unir numa *coincidentia oppositorum*. Deus, todavia, não é um problema de lógica, mas uma questão existencial, que exige dos homens que tomem posição. Já Zubiri decide-se por Deus, mas exprime essa decisão em posições que possuem forte ressonância panteísta. Não se trata, certamente, de um panteísmo clássico, segundo o qual tudo é Deus, mas de uma forma nuançada, pela qual tudo está *em* Deus (panenteísmo). As coisas finitas são assim modos finitos do ser divino, e a vida do homem consiste na experiência (individual, social e histórica) de Deus. O ponto de convergência entre "ser em Deus" e "ser Deus" encontra-se, para Zubiri, em Jesus de Nazaré.

2. Uma abordagem da filosofia de Zubiri

Ignacio Ellacuria

A situação de um pensamento

Quando se procura determinar a que tipo pertence a filosofia de Zubiri, corre-se o risco de incorrer em grave erro: o de classificá-lo, como se fez com frequência, na linhagem da neoescolástica. Se nela são encontrados muitos temas que pareceram importantes aos escolásticos, isto não basta para afiliá-lo a essa escola: tanto mais que esses temas interessaram aos maiores filósofos da história sem que fosse preciso, por isso, considerá-los como escolásticos. Que a Escolástica seja um dos interlocutores de Zubiri não basta para torná-lo um de seus membros, pois ela é apenas um de seus interlocutores, nem de longe o mais importante. Que sua filosofia se assinale por grande rigor conceitual, por grande precisão terminológica, tampouco constitui prova de filiação ou afiliação, mas a marca de uma recusa pessoal de toda ambiguidade e toda imprecisão. Por outro lado, ele não só defende posições muito diferentes e mesmo contrárias àquelas habituais na filosofia escolástica, mesmo em suas versões mais recentes; acima de tudo, aborda os problemas em outra perspectiva e com outro método. Essa questão de método é essencial, e para bom entendedor esta citação basta: "Essa explicação não é uma questão de raciocínios conceituais, mas de uma análise dos fatos de intelecção. Certamente é uma análise complexa e não fácil (...). Mas é mera análise".[1] Antonio Pintor-Ramos mostrou muito bem, no que concerne à filosofia da inteligência, que o primeiro confronto de Zubiri a respeito deste ponto não ocorreu tanto com a neoescolástica aprendida em Louvain como com as posições de Husserl, com as quais ele se chocou desde sua primeira juventude, e com o qual mais tarde trabalhou pessoalmente. Logo, fazer uma leitura escolástica da filosofia de Zubiri suporia uma exegese e uma hermenêutica talvez útil para a Escolástica, mas de fato empobrecedora no que concerne à originalidade e fecundidade do pensamento de Zubiri.

Mas Zubiri tampouco é um neoaristotélico no sentido de que teria procurado atualizar Aristóteles. Ele era inteiramente contrário a esse gênero de operações, pois pensava que cada filósofo devia ser deixado à sua época, e que cada época devia retomar a tarefa da filosofia. Isto não o impedia de acalentar a maior estima por Aristóteles e toda a sua obra, como tiveram Hegel e Marx, entre outros. Alguns dos problemas levantados por Aristóteles lhe pareciam pertinentes, algumas de suas soluções mais próximas da verdade do que outras (é curioso ver como Aristóteles aparece, em geral, nas últimas etapas da discussão de Zubiri com os filósofos, quando ele o utilizou habitualmente e hierarquizou não historicamente, mas logicamente, buscando suas próprias respostas), mas o ponto de partida de seu empreendimento e a maior parte de suas respostas lhe pareciam insuficientes. As afinidades entre Zubiri e Aristóteles devem ser buscadas bem mais na amplitude do projeto, na exploração do saber científico, na discussão dos filósofos precedentes, no interesse pronunciado pela metafísica e no rigor conceitual.

Em geral, a atitude de Zubiri em relação à filosofia do passado é inteiramente constituída de grande estima pelo seu esforço e projeto filosófico, e de uma distância respeitável em relação a numerosas teses da tradição filosófica. Poder-se-iam citar muitos autores, antigos e modernos, de Parmênides a Sartre, com que

---

[1] Xavier Zubiri, *Inteligência e Realidade* (daqui por diante: IS). Trad. Carlos Nougué. São Paulo, É Realizações, 2011, p. LV.

Zubiri estabeleceu debate, e de que o separavam muitas divergências. Desse ponto de vista, é absurdo afirmar que Zubiri seja um conservador eclético, que recolhe entre uns e outros o que lhe parece mais aceitável. Zubiri é um hipercrítico, um revolucionário em filosofia, um educador para a liberdade crítica do pensamento. Mas, sendo assim, como se pode verificar em sua obra ("isto me parece inadmissível", "isso é inteiramente falso", etc., são expressões bastante comuns em seus escritos, a ponto de se perguntar ingenuamente se não há aí algum exagero), convém, para bem compreender essa atitude crítica, salientar duas coisas: em primeiro lugar, que ele jamais se afasta das filosofias anteriores a partir de um saber já elaborado e dogmaticamente adquirido (o que é o caso de todas as escolásticas, incluindo o marxismo-leninismo), mas a partir do que se manifesta na realidade; em segundo lugar, que sua atitude é em definitivo positiva, não só pela consideração que ele dedica aos autores, como pela utilização que deles faz para elaborar seu próprio pensamento.

Desse modo, Zubiri acabou desenvolvendo uma filosofia não só diferente, mas radicalmente nova, a partir do que se pode compreender como uma crítica radical de toda a filosofia anterior; e ele teve êxito em colocar todos os problemas em outro plano, para terminar com uma nova visão da realidade. O que não significa que sua visão não possua relação com o que outros filósofos pensaram (sem o que seria preciso admitir sua loucura). Essa aptidão dos filósofos de raça para reconstruir todo o edifício da filosofia, sem rejeitar as melhores contribuições deixadas pelos predecessores, é algo conhecido. Um dos últimos, Heidegger, ousou censurar a toda a filosofia anterior ter esquecido o ser, ou, pelo menos, não ter-se colocado explicitamente a questão do ser, atendo-se ao nível do ente. Zubiri adota uma mesma radicalidade na acusação, exceto pelo fato de que ele sustenta que aquilo de que os filósofos se esqueceram foi a realidade, precisamente porque idealizaram excessivamente a função da inteligência.

Com efeito, Zubiri chega finalmente à conclusão – algo de que ele desconfiava desde seus primeiros anos de pensador – de que a filosofia, em seu conjunto, e em seus representantes mais ilustres, encetara desde Parmênides dois processos estreitamente ligados:

um processo de logificação da inteligência e aquele, correspondente, de entificação da realidade. Por logificação da inteligência Zubiri designava a consideração segundo a qual a inteligência é formalmente a faculdade de afirmar, impedindo que ora a realidade, ora o ser, ora as outras "categorias" fundamentais do pensamento sejam acessíveis ao homem, a não ser nesse estágio da inteligência constituído pelo logos e pela razão – admitindo-se que cada filósofo possa compreender de maneira bem diferente tanto o logos quanto a razão. Por entificação da realidade, ele designa a consideração segundo a qual o que é o ente (ou o ser) é o que homem compreende em primeiro lugar e aquilo em que se resolvem finalmente todos os conceitos do homem, enquanto os diferentes filósofos entendem por "conceber" coisas bem diversas. Durante toda a sua vida intelectual, Zubiri combateu valentemente a fórmula: "pensar e ser são a mesma coisa", que ele interpreta no sentido de que o ser só se perfaz no pensamento, e, correlativamente, que nós só pensamos quando dizemos de alguma coisa que ela é. Ele pretendia efetuar uma crítica total do que ele considerava ser o desvio do filosofar, mostrando como essa logificação da inteligência e essa entificação da realidade contradizem os fatos, procurando assim des-entificar a realidade; mas, ao mesmo tempo, ele pretendia alcançar de modo positivo uma inteligificação do logos e uma reificação do ente. Isto o obrigou, naturalmente, a conceber uma nova teoria da realidade, que ele desenvolveu, no que concerne ao essencial, em *Sobre a Essência* (1962), e uma nova teoria da inteligência, desenvolvida nos três volumes citados: *Inteligência e Realidade* (1980), *Inteligência e Logos* (1982) e *Inteligência e Razão* (1983).

Nessas duas obras fundamentais de Zubiri, incluindo os três volumes da segunda, depois numa série de artigos e trabalhos, dos quais alguns foram publicados e outros estão ainda inéditos, relativos à primeira teoria, descobre-se o núcleo do pensamento definitivo de Zubiri. Os inéditos, em ambas as perspectivas, não acrescentam nada de essencial nem modificam, a longo prazo, o que já está acessível. Contudo, duas observações se impõem: há pontos que mal foram abordados na obra publicada, tais como o dinamismo intrínseco da realidade e a diversidade de dinamismos segundo os diferentes tipos de realidades, que completam os aspectos aparentemente mais estáticos expostos em *Sobre a Essência*. Por outro lado, os novos temas trazem outra luz ao que já é conhecido, de modo que, a julgar como novas visões se aplicam a diferentes problemas e a diferentes domínios da realidade, eles se prestam a uma redescoberta.

Pode-se afirmar que o essencial de Zubiri já foi publicado, mas pode-se sustentar, ao mesmo tempo, que permanecem por publicar coisas muito importantes, que talvez sejam mais acessíveis ao público e que, além disso, possuem prioridade lógica no conjunto da obra. Lembremos que, para Zubiri, não há ordem transcendental *a priori*, e que a ordem transcendental é dada pelo que são as coisas reais em função transcendental. E são essas as coisas reais: o homem, a história, a matéria, o espaço e o tempo, Deus, etc., a que ele dedicou trabalhos que poderão ser publicados, mas certamente não no estado de perfeição última que lhes seria assegurado se ele tivesse podido contar com mais tempo para terminar sua obra.

Se é preciso dizer agora algumas palavras sobre o tipo de filosofia que Zubiri produziu ao escrever essa obra imensa, seria possível responder que ele concebeu uma filosofia ao mesmo tempo realista, materialista e aberta. Com efeito, o *realismo* que, afinal de contas, caracteriza a filosofia zubiriana não confronta apenas o idealismo de quase toda a filosofia moderna, mas também, a respeito de certos pontos, o idealismo da filosofia clássica, resultante da primeira idealização implicada pela logificação da inteligência; esse realismo é *materialista*, tanto do ponto de vista físico-metafísico – uma vez que, em situação intramundana, tudo surge na matéria, da matéria e é dinamicamente *sus-tentado* pela matéria – quanto do ponto de vista epistemológico, já que a realidade é sempre apreendida pelos sentidos sob forma de impressões de realidade. Porém esse realismo materialista é *aberto*, pois nem em Física nem em Metafísica reduz tudo à matéria – existem domínios estritamente irredutíveis – e sua epistemologia se abre transcendentalmente para a realidade enquanto realidade. Essa maneira de fornecer ao corpo e à condição material do homem tudo o que provém da matéria, sem que isto reduza quer a realidade quer o homem a limites estreitos, é um dos principais aspectos do pensamento de Zubiri. E confundir sua acuidade intelectual, sua precisão conceitual com alguma forma de idealismo ou intelectualismo seria confundir o ar do céu com a água do mar unicamente porque ambos parecem azuis.

O perfil de uma obra

Para apresentar os grandes polos da obra de Xavier Zubiri, convém ressaltar os temas que caracterizam cada um deles.

a) Há primeiramente uma filosofia da inteligência. Zubiri não pressupõe, como o faz a maioria dos filósofos críticos e idealistas, que a análise epistemológica da vida intelectual seja a condição necessária para estabelecer solidamente uma filosofia. Isto por duas razões: porque a inteligência é alguma coisa tão real quanto qualquer outra coisa real, e porque a atualização efetiva é da mesma natureza (*congénere*) que a realidade. Certamente não é fácil compreendermos o conjunto da obra de Zubiri se não avançarmos de algum modo em sua filosofia da inteligência. Como já se disse, esta constitui o conteúdo dos últimos volumes publicados por ele em vida, e aos quais consagrará os últimos sete anos de existência. Não é difícil resumir o sentido dessa obra: ao mesmo tempo inteligificação do logos – do que já se tratou (como sendo o retorno positivo da des-logificação do logos) – e o desenvolvimento positivo de uma ideia central: "Pois bem, a intelecção humana é formalmente mera atualização do real na inteligência senciente".[2] Porém está claro que não se podem resumir as mil e quarenta páginas que desenvolvem, justificam, aprofundam e aplicam essa única ideia e a discussão que, acerca de numerosos pontos, o autor trava com os grandes clássicos da questão. Só se podem reformular de maneira sucinta alguns dos principais temas que pontuam a obra:

1) a intelecção é fundamentalmente uma atualização do real enquanto real;
2) existe uma unidade estrita e estrutural entre compreender (*inteligere*) e sentir, de modo que é preciso falar de uma inteligência senciente e de uma sensibilidade intelectiva;

---

[2] IS, p. LV.

3) existe uma prioridade fundamental da apreensão primordial da realidade sobre o movimento do logos e o percurso da razão;
4) há um enraizamento constitutivo do logos no campo da realidade apreendida de maneira sensível, e da razão no mundo apreendido sensivelmente;
5) existe um amplo espaço de liberdade na intelecção, especialmente em suas modalidades de logos e de razão:

> Se estar em razão é algo imposto pela realidade, seu conteúdo racional jamais o está; não é imposto qual seja a estrutura "fundamental" do real. Daqui resulta que a unidade das duas faces da imposição da realidade é a imposição necessária de algo que é o que é não necessariamente. Esta paradoxal unidade é justamente a *liberdade*. A essência da razão é liberdade. A realidade nos força a ser livres.[3]

6) a epistemologia, como tarefa intelectual fundamental, não é a primeira nem vale por si mesma, mas deve se fundar numa filosofia da intelecção;
7) o logos e a razão não passam de modalidades ulteriores da atualização da apreensão primordial da realidade e, como tais, são formalmente sencientes e não somente sensíveis;
8) a realidade já é dada como um *prius* na apreensão primordial, e é dada sensitivamente nas impressões da realidade.

Eis, portanto, alguns temas importantes que seria preciso multiplicar caso quiséssemos restituir as análises mais concretas que Zubiri desenvolve em suas obras sobre a inteligência. A análise da impressão de realidade, a pluralidade e a unidade do sentir intelectivo em função das duas modalidades sensitivas de (a)presentação da realidade, a transcendentalidade fisicamente apreendida, a atualização, a intelecção distanciada e o problema da irrealização, as ficções, os perceptos e os conceitos, o movimento de impulsão e de reversão na afirmação, um novo conceito de evidência, uma reelaboração do conceito de verdade, a razão

---

[3] Xavier Zubiri, *Inteligência e Razão* (daqui por diante: IR). Trad. Carlos Nougué. São Paulo, É Realizações, 2011, p. 82.

como processo intelectivo na rede de relações do mundo, o caráter canônico da realidade principal, a objetualidade e o problema das categorias, uma nova concepção do método, o caráter histórico e livre da verdade racional, etc., são alguns dos temas tratados de maneira sistemática e como que decorrentes dessa única ideia segundo a qual a intelecção é a atualização da realidade numa inteligência senciente.

b) O segundo campo de trabalho da maturidade de Zubiri foi o da realidade. Sua elaboração mais sistemática constitui o objeto de *Sobre a Essência* (1962). Porém alguns cursos importantes, posteriores a esta obra, e pertencentes mesmo à sua plena maturidade, completam a obra citada, sem que esta deixe de ser a mais importante. Numerosos inéditos, que são, no essencial, transcrições de seus cursos orais, formarão a coletânea *Estudios Metafísicos*, na qual ele analisa a estrutura dinâmica do real, o real e o irreal, o problema do mal, a realidade estética. Sem esquecer seu importante artigo, "Respectividad de lo Real" ("*O Ser-em-relação do Real*"), publicado em *Realitas III-IV*, p. 13-43. O conjunto dessa obra representa uma metafísica muito elaborada que poderíamos resumir nas três proposições seguintes: a ordem transcendental é a ordem da realidade enquanto realidade; a realidade está intrinsecamente em relação e possui intrinsecamente caráter de estrutura; a realidade é intrinsecamente dinâmica em e para si. Sobre essas três afirmações fundamentais constroem-se outras particularmente importantes: uma nova concepção da realidade como "de seu" (*de suyo*), uma nova concepção do ser como algo "derivado" da realidade, uma nova concepção do mundo entendido como transcendental, como relacionalidade e como atualidade, uma nova concepção da essência, do dinamismo, da causalidade como funcionalidade do real enquanto real, a ideia de estrutura, etc. Não se pode dizer que Zubiri não se tenha confrontado com os principais problemas da metafísica, nem que ele tenha deixado de impor-lhes uma reviravolta radical a partir de seu projeto inicial, a saber, que a realidade precede o ser, que a substantividade é mais radical do que a substância; que sua codeterminação por algum hilemorfismo qualquer foi um golpe desferido contra a realidade.

c) Não se pode considerar o que Zubiri escreveu sobre Deus – e estava em vias de escrever –, quando faleceu, como um problema propriamente metafísico – a metafísica zubiriana é rigorosamente intramundana –, mas antes como um problema estritamente filosófico. Deus foi para ele, desde a juventude, objeto de reflexão: na pasta onde reunia seus últimos escritos sobre Deus, Zubiri conservava um caderno – manuscrito – no qual consignara suas primeiras reflexões resultantes dessa pesada preocupação, elaboradas no colégio dos Marinistas de San Sebastián, numa época que ele considerava como crucial para seu desenvolvimento intelectual ulterior. Como se sabe, ele consagrou a este tema o artigo bastante citado "En Torno al Problema de Dios" (1935-1936); depois, publicará outro breve ensaio: "Introducción al Problema de Dios" (1963). Todavia, ao longo de vários anos, Zubiri continuou a pensar e a falar deste problema enquanto filósofo. Começou a fazê-lo de maneira sistemática numa época anterior a *Sobre a Essência*, em um curso de 33 lições (1948-1949); retomou-o em 1965, em 1967 e, numa perspectiva mais propriamente teológica, em 1968. Depois, de novo em um curso subdividido em três partes, nas quais desejava sistematizar o tema: Deus, a história das religiões e o cristianismo (1971-1972), e de forma mais definitiva, que só incide sobre a primeira parte, em curso ministrado em Roma, em 1973, e que ele cita expressamente em *Inteligência e Razão* (p. 228) – detalhe bastante significativo dada a raridade desse procedimento na produção zubiriana. Deste curso resultou "El Problema Teologal del Hombre", publicado em 1975, em homenagem a um de seus teólogos preferidos, Karl Rahner.

Todo esse longo processo de reflexão está condensado no livro no qual trabalhava quando a morte o surpreendeu. O título previsto e mantido é *El Hombre y Dios* [O Homem e Deus], cuja primeira parte, em que analisa a realidade humana na perspectiva da *religação*, estava inteiramente redigida. Ele já avançara na segunda parte, consagrada ao percurso intelectivo do homem em direção a Deus, e a seu acesso real a Ele, mas deixou em estado de rascunho a terceira parte, que analisava o homem como experiência de Deus. O conjunto, hoje editado, deve ser considerado tal como Zubiri o deixou.

A primeira parte é a mais conhecida, e sua originalidade e sua profundidade consistem em admitir que o homem tem acesso a Deus a partir do caráter processual de sua realidade pessoal, o que permite superar tanto a antropologização do problema de Deus quanto, no outro extremo, sua naturalização. Mesmo que Zubiri não tenha empregado expressamente essa terminologia, Deus é apresentado como *persona personans*, e não como *natura naturans*, de modo que é na personalização da pessoa humana que Deus aparece pelo que ele é: a Pessoa que dá a vida. Do mesmo modo, a segunda parte, com seu projeto de provar – tendo a prova aqui valor de uma "provação" num "percurso intelectivo" – a existência de Deus, e, principalmente, mostrar como é possível ter realmente acesso a Ele, manifesta grande originalidade e grande profundidade. Enfim, a terceira parte permite entrever temas fundamentais, mesmo que sejamos privados de um desenvolvimento analítico superior dessa problemática ao mesmo tempo pessoal e metafísica.

Zubiri esperava poder retomar certos pontos fundamentais de uma filosofia da história da religião e, sobretudo, alguns dos principais dogmas do cristianismo. Ele deixou materiais para tanto, dos quais pensava extrair alguns *Estudios Teológicos*. Sem esquecer o que foi publicado em *Natureza, História, Deus*, sob o título: "El Ser Sobrenatural: Dios y la Deificación en la Teología Paulina" (p. 399-478), cuja elaboração se estende de 1934 a 1939. É preciso citar o texto, publicado, do discurso que ele pronunciou por ocasião de seu doutorado *honoris causa* em Teologia, que lhe foi entregue pela Universidade de Deusto: "Reflexiones Teológicas sobre la Eucaristía". A Trindade, a Criação e a Encarnação são outros dogmas que ele já abordara.

d) Zubiri também preparava um importante volume de "Estudios Antropológicos". Mesmo que não cogitasse, na época de sua maturidade, escrever um estudo sistemático sobre o homem, havia em seus trabalhos e em seus cursos farto material para fazê-lo. Esse material serviu para uma sistematização que ele aprovou, conquanto solicitando que se fizessem correções em algumas de suas partes. Mas o todo vale como livro; enriqueceu não só o conjunto de sua filosofia, mas representa um acréscimo importante a seus artigos consagrados ao homem – artigos que G. Martinez Argote reuniu sob o título de *Siete Ensayos de Antropología filosófica* (Bogotá, 1982). Um ensaio intitulado "El Origen del Hombre" foi profundamente modificado, proporcionando tratamento mais preciso do problema, em inédito inteiramente preparado para publicação pelo próprio Zubiri; trata-se de "La Génesis Humana", que podemos tomar como ponto de partida de seu estudo do homem, ou como a culminação de seu estudo sobre o assunto.

Na antropologia de Zubiri mostra-se toda a novidade de sua metafísica: é preciso considerá-la como parte de sua metafísica, ainda que considerações formais – e os diferentes modos e formas de realidade que exigem ser tratadas de maneira diferente, a despeito de sua unidade fundamental – obriguem a divisões metodológicas. Assim, o *habitus* fundamental do homem será a intelecção senciente, por meio da qual o homem será concebido, principalmente, como animal de realidades. Assim, igualmente, a unidade da realidade humana será concebida em termos de unidade estrutural. E a pessoa será compreendida na perspectiva do "de seu", tendo *de seu* uma realidade duplamente sua. Desse modo, a vida será exposta como autoposse, e a personalidade e o eu como atualização determinada dessa realidade mundana que é o homem-pessoa (*personeidad*). Ainda aqui, como em todo o restante da filosofia de Zubiri, opera-se a superação radical dos dualismos, sem que isto resulte em monismos reducionistas que pretendem explicar que A se reduz a B sem poder explicar porque todo B não é A. Essa antropologia estuda também a dimensão individual, social e histórica tanto da realidade quanto do ser humano. Desta seção, já foi publicado "La Dimensión Histórica del Ser Humano", em *Realitas* I, p. 11-69.

e) Há igualmente, entre os papéis de Zubiri, materiais muito elaborados que se podem provisoriamente apresentar como Estudos Cosmológicos. Dividem-se, no essencial, em três partes: um longo trabalho sobre o assunto, escrito a partir de 1973; o curso sobre o espaço – com o qual Zubiri estava bastante satisfeito –, e o curso sobre o tempo, com o qual estava menos contente, parcialmente retomado em *Realitas* II, p. 7-47. Esta publicação é incontornável se quisermos compreender o que significa o "materialismo" de Zubiri, que ele mesmo, para evitar toda confusão, chamava de "materismo". A matéria precisa ser enriquecida e dinamizada, assim como o tempo e o espaço precisam ser des-substantivados e des-idealizados a fim de enraizá-los nas coisas espaciais e temporais, pois a espacialidade e a temporalidade são a cada vez diferentes, segundo a realidade de que se trate.

f) No que concerne à História da Filosofia, não se deve esquecer que foi essa cátedra universitária que Zubiri ocupou, e em que ele confrontou incessantemente seu próprio pensamento com o dos grandes filósofos, seja sobre problemas reais, seja sobre problemas postos pela realidade. A preocupação de historiador já se anuncia em seus primeiros escritos: "Sobre el Problema de la Filosofía" I e II da *Revista de Occidente*, nº 115 (1933), p. 51-81, e nº 118 (1933), p. 83-117, cuja sequência estava em preparação, mas não foi jamais publicada, pois ele pensava transformar tudo isso em livro. Em *Natureza, História, Deus*, há igualmente numerosas páginas consagradas à história da filosofia. E é ao mesmo domínio que pertencem as *Cinco Lições de Filosofía* (Madri, 1963), bem como os novos autores estudados em seu curso "Problemas Fundamentales de la Metafísica Occidental" (1969), ainda inédito. É preciso dizer que Zubiri sempre falou da história da filosofia enquanto filósofo, e jamais enquanto puro erudito positivista: em certos casos, isto o levou a aprofundar o que constitui a diferença significativa entre as filosofias, e em outros casos a utilizá-las como motivos dialéticos de discussão, a fim de promover seu próprio pensamento. Quando se leem seus escritos em matéria de história, aprende-se muito a respeito do filósofo, não só quanto à sua maneira de interpretar, mas ainda sobre sua maneira de criticar.

g) É preciso retornar, enfim, a seus trabalhos de juventude, ou seja, aqueles que precedem a publicação de *Natureza, História, Deus* (1944), e que não figuram neste último. O mais importante é sua tese de Doutorado, *Ensayo de una Teoría Fenomenológica del Juicio* (Madri, 1923), que é considerada a primeira obra sobre Husserl escrita em outra língua que não o alemão. Os trabalhos dessa época possuem interesse real, tanto em relação às publicações ulteriores, cuja gênese, pontos de referência e balizamentos permitem compreender melhor, como em si mesmos. Zubiri tendia a desvalorizar o que ele fizera antes de 1962, admitindo que só então atingira sua maturidade intelectual. Essa atitude significativa da pretensão "científica" que caracteriza sua filosofia talvez seja injusta em relação ao valor "filosófico" de seus primeiros trabalhos. Discernem-se aí achados de primeira ordem e, em certos casos, uma força de sugestão que não cabe em absoluto depreciar, mesmo que não justifiquem a preferência de certos autores, que se entusiasmaram pelo jovem Zubiri, mostrando-se até reservados em relação ao Zubiri posterior.

A obra publicada abrange em seu conjunto cerca de três mil páginas e, com as 2.500 páginas que permanecem por publicar, constitui uma obra considerável. Afirmar que Zubiri publicou pouco, portanto, é fácil, mas dissipa-se igualmente a ilusão de que seus armários contêm 20 mil páginas publicáveis. Há milhares, com certeza, mas muitas não são dignas de publicação.

3. A PROPÓSITO DE *SOBRE A ESSÊNCIA*: O REALISMO DE XAVIER ZUBIRI[1]

A. Robert Caponigri

É preciso saudar a publicação de *Sobre a Essência* (1942) como um acontecimento importante na pesquisa de X. Zubiri. Esse tratado conduz a duas coisas: a recentrar certas questões fundamentais dos *cursos* dos anos anteriores e a abrir nova fase de sua atividade. Nesse trabalho, não é a *ideia* da filosofia, histórica e normativa, que está no centro; a proposta é *fazer* uma filosofia, ou seja, construir sua própria filosofia enquanto "sistema de pensamento unitário e deliberadamente organizado". É essa "ideia" da filosofia o que ele procurou realizar na construção da filosofia representada por *Sobre a Essência*.

I. A ideia da filosofia

Em seus trabalhos precedentes, Zubiri aborda a ideia da filosofia segundo três perspectivas: em primeiro lugar, a análise do que é "filosofar", compreendido como atitude e atividade específicas

---

[1] Este texto é a tradução da introdução à edição inglesa de *On Essence*, publicada por The Catholic University of America Press, Washington, D.C., 1980.

do homem; em segundo lugar, pela comparação da filosofia, concebida como forma do saber, com a ciência, no sentido moderno do termo; por último, por meio da identificação e caracterização da filosofia por intermédio de seus "objetos".

Zubiri introduz sua reflexão sobre a ideia de filosofia mediante a observação, retomada de Hegel,[2] de que a história da filosofia é a história da ideia de filosofia.[3] O que ensina essa história, em primeiro lugar, é que os "conteúdos" da filosofia, os *doxai* de Diógenes Laércio e sua sistematização possuem apenas importância secundária e condicionada.[4] Isto permanece uma massa inerte, sem significação nem vida, servindo somente de material para erudição acadêmica, porém muda sobre seus princípios de criação e geração. Ora, o que realmente importa na investigação da ideia de filosofia é "*o princípio que a move*,[5] o princípio que a anima. Para Zubiri, o que caracteriza essencialmente a atividade geradora da filosofia é "receber original e indeformada, diante de sua mente, a realidade do mundo e da vida humana".[6] Não se trata de uma "ocupação" do homem, de uma atividade que o afeta enquanto "sujeito" em sua relação radical com os seres, com a realidade; "é um modo fundamental de sua existência intelectual".[7] "Como todo fazer verdadeiro, é uma operação concreta, executada em dada situação."[8] Esse situacionismo, no entanto, não autoriza um lirismo filosófico subjetivo. O processo da filosofia é governado não por movimentos subjetivos, mas pelo dinamismo da realidade, atualizada no espírito do filósofo. A realidade é primeira em relação à filosofia, e a filosofia é primeira em relação ao filósofo: "A filosofia não é obra do filósofo; o filósofo

---

[2] Hermann Glockner (ed.), *Vorlesungen über die Geschichte der Philosophie*. Stuttgart, Fr. Fromanns Verlag, 1959, p. 33.

[3] Xavier Zubiri, *Natureza, História, Deus* (daqui por diante: NHD). Trad. Carlos Nougué. São Paulo, É Realizações, 2010, p. 142.

[4] Cf. NHD, p. 86.

[5] NHD, p. 256.

[6] NHD, p. 170.

[7] Isabel Gutiérrez Zuloaga (ed.), *Homenaje a Xavier Zubiri*. Madri, Editorial Moneda y Credito, 1970, 2 vols. (daqui por diante, HOM), I, p. 463.

[8] NHD, p. 64.

é que é obra da filosofia".⁹ O processo por meio do qual essa subjetividade do homem em situação é transcendida constitui o movimento interior da filosofia. Entretanto, esse movimento não pode ser caracterizado ou formalizado *a priori*. A filosofia não pode jamais se tornar uma técnica, nem ser formulada em leis universalmente aplicáveis por qualquer um. Isto sempre permanece obra de um indivíduo, e a filosofia à qual ele dá forma é *sua* filosofia. "A ideia da filosofia é diferente para cada filósofo, pois cada filósofo construiu sua filosofia."¹⁰ Finalmente, o filósofo, em sua individualidade, não pode construir sua filosofia *a priori*, segundo um plano e uma regra; isto só pode resultar de um movimento interior de seu próprio espírito, do qual sua filosofia é expressão. O filósofo só é um filósofo do ponto de vista da filosofia que ele construiu, e é um filósofo de um tipo particular em função do caráter da filosofia resultante do movimento de sua alma. "Daí que, diante de uma filosofia já madura, e precisamente diante dela, é que é não só possível, mas forçoso, perguntar-se até que ponto e de que forma ela responde a seu próprio conceito."¹¹

No entanto, a despeito dessas dimensões altamente "pessoais" da filosofia e do processo do "filosofar", a filosofia, em sua característica última, é *una*. A razão disso é que, em todos os filósofos e em todas as filosofias, o princípio diretor é a realidade, que não é múltipla, mas una. Essa realidade, todos a abordam por vias diferentes, em situações diferentes, mas, afinal, segundo uma orientação única.

Por conseguinte, o princípio da filosofia do qual depende sua "ideia" não pode ser um princípio "objetivo", isto é, impessoal e quase mecânico, comparável ao "método" de certos clássicos da história da filosofia, destituído de todo engajamento pessoal e, portanto, sem resultar em nenhuma transformação do sujeito filosofante. A aplicação de semelhante "método" produziria um "fato" e seria sempre "outro" que não o filósofo, um produto estranho e alienante. A filosofia não é jamais um "fato" (*hecho*), mas "é coisa

---

⁹ HOM I, p. 436.
¹⁰ HOM I, p. 461.
¹¹ NHD, p. 156.

que deve ser fabricada por um esforço pessoal".[12] Sob o aspecto de um sistema – e a filosofia deve eventualmente se apresentar como sistema –, uma filosofia parece "impessoal" e "objetiva", inautêntica, a menos que essa sistematização resulte, ela mesma, de um autêntico esforço filosófico.

Essa insistência no caráter pessoal da atividade filosófica suscita imediatamente a questão de seu caráter intrínseco, e, menos diretamente, do efeito da atividade filosófica e de seu resultado final sobre o sujeito filosofante. Essas duas questões encontram uma resposta inicial, mas determinante, na fórmula de Zubiri citada acima: *"recibir original e indeformada ante su mente la realidad del mundo y de la vida humana"* – "receber original e indeformada, diante de sua mente, a realidade do mundo e da vida humana".[13] A presença dessa realidade à consciência pessoal do sujeito filosofante não pode deixar o sujeito no [mesmo] estado, sem afetá-lo em sua existência e em seu ser. É forçoso reconhecer, então, a importância do efeito da filosofia na transformação que se opera na pessoa do sujeito filosofante e nas mudanças de qualidade de sua existência. E, como é a realidade "originária e inalterada" que opera essa transformação, a transformação deve, ela mesma, seguir a direção da revelação da realidade do sujeito e de seu estabelecimento na realidade.

Essas observações não permitem, como se disse, concluir apressadamente que a filosofia é uma operação inteiramente "subjetiva". Semelhante concepção estaria evidentemente em contradição total com uma filosofia que situaria a "realidade originária e inalterada" antes do sujeito; nenhum esforço de imaginação pode reduzir essa realidade aos limites da subjetividade. Não são os limites da subjetividade que definem a realidade; pelo contrário, são a filosofia e a realidade que estabelecem o filósofo como sujeito. Ele é estabelecido em seu caráter de filósofo pela filosofia, e não o inverso; do mesmo modo, nós não possuímos a verdade, somos possuídos por ela. Impõe-se assim, no centro da *ideia* de filosofia, uma reciprocidade: a filosofia é resultado de um esforço pessoal do filósofo, não no sentido de que a filosofia seria

---

[12] NHD, p. 63.
[13] NHD, p. 170.

obra do filósofo, mas antes no sentido de que o filósofo é trabalhado pela filosofia, pela realidade e por sua verdade, quando estas se apossam dele. Por mais paradoxal que seja, isto é essencial, segundo Zubiri, para compreender a filosofia, e é essa reciprocidade que suporta a dinâmica interna do processo. Por fim, essa concepção da *ideia* de filosofia se refere diretamente à interpretação que Zubiri fornece de seu próprio pensamento, o que confere acesso à estrutura de seu sistema.

A filosofia estabelece o filósofo num estado particular de ser e de existência: seu *estar siendo*. A condição de existência atual: o *ser em estado de ser* no qual a filosofia estabelece o sujeito, é essencialmente uma condição de saber. A qualidade desse "saber", evidentemente, requer alguns esclarecimentos, e o melhor meio de fazê-lo consiste em comparar esse saber com o conceito específico de ciência tal como tomou forma no pensamento moderno.

É o que empreende Zubiri, e ele concretiza esse processo comparando a noção grega de *epistémē* e a concepção moderna de *ciência*. Sua posição é complexa. Ele não se permite, como fazem outros filósofos, denegrir a concepção moderna de ciência. Pelo contrário, para ele – como se verá ainda –, essa ciência é parte essencial da cultura – e se mostra até mais importante para o projeto da filosofia. Na fase de elaboração de seu pensamento, Zubiri se esforça por incorporar a ciência moderna – seus materiais e métodos – em sua sistematização. Ao mesmo tempo, tem o cuidado de separar bem estes dois tipos de saber: a filosofia (*epistémē*) e a ciência; porém a distinção entre os dois deve ser dialética, e não abstrata. Se os deixarmos numa autonomia abstrata, esses saberes desembocarão em conceitos díspares da realidade: um será contraditório; o outro, fragmentado em núcleos isolados. O bom caminho é reconhecer cada um deles como um saber autêntico, mas situando-os na realidade una, pois o real só pode ser, em termos transcendentais, uno. Sua diferença – e, ao mesmo tempo, a autenticidade de cada um deles – pode ser exemplificada e ilustrada comparando a maneira pela qual a ciência e a *epistémē* abordam os mesmos problemas. O primeiro desses domínios de pesquisa é o movimento e o fenômeno.

O movimento e o fenômeno

Segundo Zubiri, a ciência vê no *movimento* a passagem de um lugar a outro, e seu curso deve ser traçado pela correlação entre certo número de fatores. Para a *epistémē*, o que importa no movimento é o *móbil*, em sua condição de coisa variável, interiormente instável, e o *movimento* enquanto modo de ser (*ser*) em relação com o não ser (*no-ser*) que ele contém.

Segundo Zubiri, a ciência vê no *fenômeno* um acontecimento real, de que é preciso determinar mediante medidas precisas as dimensões espaço-temporais e que, além disso, implica um observador, um medidor: por exemplo, as equações da física moderna como antecipações de coisas observáveis.[14] Para a *epistémē*, em contrapartida, o que importa no fenômeno, em sua manifestação, não é o observador a quem ele aparece, mas *o que* aparece, o *ens phenomenale*, a coisa mesma que se manifesta em seu "aparecer".[15]

Finalmente, é a compreensão que a *epistémē* e a ciência moderna têm da natureza que mostra claramente o que as distingue. As duas buscam a *natureza* das coisas, mas possuem concepções diferentes dessa natureza. Para a ciência, a natureza é o sistema das leis, a norma das variações, a determinação matemática de fenômenos cambiantes, por exemplo, na física de Galileu, ou a distribuição de coisas observáveis, como na nova física. Para a *epistémē*, "natureza" significa movimento, atual ou virtual, emergindo das profundezas do ser em movimento – o princípio do movimento, um movimento interessando ser e causas.

Conclui-se, então, que a ciência e a *epistémē*, a filosofia, são duas espécies diferentes de saber. Ambas procuram um "porquê", permitindo conhecer a inexorável necessidade que penetra a realidade. Porém o "porquê" da ciência é um "como"; o da *epistémē* designa uma "causa". Zubiri resume a diferença por meio destas palavras: "A ciência tenta verificar onde, quando e como se apresentam os fenômenos. A *epistémē* tenta verificar o que devem ser as coisas que assim se manifestam no mundo".[16]

---

[14] NHD, p. 317.
[15] NHD, p. 112.
[16] NHD, p. 112.

Essa diferença nesses saberes é das mais sensíveis, pelo fato de que, nos dois, a ideia de realidade difere inevitavelmente. De um lado, a ideia do que são as coisas e do que é feito o universo; de outro, a ideia da realidade no sentido do que faz que as coisas sejam como são, e do que faz que elas sejam. Para a *epistémē*, as coisas não são uma série de notas reunidas, mas uma unidade diversificada em suas notas particulares. Segundo nos posicionemos do lado da unidade ou no da diversidade, vemos o que a coisa é em si mesma, ou o que ela é para o observador. A ciência tende a pensar que as coisas são conjuntos de notas mais ou menos unidas em sua aparência, e ela não dirige sua atenção para a unidade das notas portadoras de diversidade. Mas, se podemos considerar essas diferentes modalidades do saber como abordagens igualmente válidas das coisas, igualmente *autênticas*, já não podemos, se examinarmos a situação mais de perto, considerá-las como forçosamente iguais. O ponto de vista da ciência, que busca "a unidade que a ciência persegue na totalidade dos fenômenos seja sua conexão objetiva, isto é, a lei"[17] – e para o qual a totalidade, por sua vez, é interpretada como a totalidade da experiência objetiva –, é um ganho importante. Contudo, quanto à ordem do saber, a ciência não se encontra no mesmo nível da filosofia, para a qual "o problema da realidade das coisas é essencialmente o problema do que elas são, e não simplesmente o problema das condições intramundanas ou transcendentalmente mundanas de seu acontecer". Este é o problema que, diferentemente da ciência, se coloca a filosofia, e é nessa diferença que se define seu estatuto superior de saber.

Seria mais fácil, focando o "objeto" da filosofia, afirmar que a filosofia é um objeto "outro", diferente daquele da ciência; esses objetos diferentes poderiam ser caracterizados, então, por meio de notas, mas em um idioma idêntico. Ora, este não é o caso, pois as relações da ciência com seus objetos e as da filosofia com seus objetos são contrárias. A ciência possui seus objetos antes de proceder à sua exploração e à sua explicação. Já a filosofia "não sabe qual é seu objeto. Determinar o objeto da filosofia é sua primeira tarefa, e evidenciá-lo como convém é seu coroamento".[18] Ou, como diz ainda Zubiri:

---

[17] NHD, p. 121.
[18] HOM I, p. 471.

A filosofia foi, antes de tudo, uma justificação ou esforço de mostrar a existência (*sit venia verbo*) de seu objeto. Enquanto a ciência versa sobre um objeto que já se tem com clareza, a filosofia é o esforço pela progressiva constituição intelectual de seu próprio objeto, a violência para tirá-lo de sua constitutiva latência para uma efetiva patência.[19]

Essa observação não é, no que concerne a Zubiri, análoga àquela que vale para o idealismo, a saber, que a filosofia deve *criar* seu objeto. A angústia intelectual que oprime o filósofo, e da qual ele tenta se libertar buscando o objeto próprio da filosofia, não o conduz a uma evocação fantasmática de novos objetos. Isto o conduz à descoberta e à apreensão de alguma coisa que não é um objeto concreto, e que, não obstante, possui sua constância própria. Alguns concluirão que a filosofia é uma busca inútil, fadada ao fracasso. Zubiri não vê as coisas assim. Não se pode pensar que a filosofia seja inútil, pois mesmo esse fracasso, caso se revele de fato um fracasso, diria mais sobre a realidade do que os êxitos ostensivos da ciência.

O que pode ser dito com certeza é que o homem, em toda situação, se orienta para a realidade. Sua primeira orientação para a realidade o conduz à realidade realizada nas coisas reais, e é para estas que ele desenvolve suas ciências. Corre-se sempre o risco de conceber a filosofia como uma dessas ciências – confusão cujas consequências se revelam desastrosas. A filosofia – a busca filosófica – nasceu no dia em que o homem compreendeu isto: embora a realidade mesma só possa ser abordada pelo viés das coisas que são reais, essa realidade não pode simplesmente ser posta em equação com as coisas. De modo que, se o caráter da realidade, enquanto princípio da realidade dessas coisas, for real, isto não está presente para nós da mesma forma ou da mesma maneira que nas coisas que encontramos. Ou, para citar Zubiri:

> É preciso que, depois de ter apreendido os objetos sob os quais pulsa [a realidade], um novo ato mental aja outra vez sobre o anterior para colocar o objeto numa nova dimensão que torne não transparente, mas visível, essa outra dimensão sua. O ato com que

---

[19] NHD, p. 154.

se torna patente o objeto da filosofia não é uma apreensão, nem uma intuição, mas uma *reflexão*.[20]

O objeto da filosofia, portanto, é transcendental. A ciência considera as coisas *tais* como são, enquanto a filosofia considera as coisas na medida em que *são*. Talidade e transcendência – eis as polaridades dinâmicas da filosofia no sistema de Zubiri. A estrutura que emerge de seu contraste – a essência – é explorada em *Sobre a Essência*. A filosofia não é estranha às coisas em sua *realidade, tais* como são. É o que, segundo Zubiri, parece ter sido o erro dos idealistas (segundo o modelo de Platão, não de Hegel, é claro). Ela tampouco concede às propriedades qualitativas das coisas um estatuto transcendental, inerente às coisas tais como são. É o tema de *Sobre a Essência*: a essência enquanto estrutura das coisas como elas são, tais como são, que as estabelece enquanto reais. A pretensão de fazê-lo parece escandalosa aos cientistas; porém ela define o problema da filosofia a respeito de um ponto central.[21] O objeto da filosofia não é formalmente conhecer nosso modo de conhecimento; e é muito menos o macro-objeto (a Ideia) o que emerge do jogo dialético das coisas. No entanto, o objeto da filosofia tampouco é o Ser das coisas, no sentido em que Heidegger ou Hegel conferiram ao termo. O ser não preenche (embora Zubiri tenha acreditado nisso no período heideggeriano) a condição de Realidade última – a condição da transcendentalidade. Como Zubiri escrevia numa conferência sobre Hegel, proferida em 1931: "O primeiro problema da filosofia, o último (...) de seus problemas não é a questão grega *o que é o ser?*, mas alguma coisa (...) que se situa bem além do ser".[22]

A comparação com Heidegger esclarece muito a posição de Zubiri, pois o pensamento de Heidegger é um ponto contrastante de referência para seu próprio pensamento. Efetuou-se um grande esforço por estabelecer uma relação positiva entre o que Heidegger entende por *Ser* e o que Zubiri entende por *Realidade*. Mas uma análise mais fina mostra que essa relação não se

---

[20] NHD, p. 150.
[21] NHD, p. 143.
[22] NHD, p. 254.

sustenta. Não é que inexista qualquer relação: com efeito, Zubiri desenvolve a noção de Realidade precisamente referindo-se ao Ser heideggeriano. Porém ele afirma, além disso, que o que Heidegger entende por Ser não é suficientemente radical e último para fornecer uma resposta à questão da metafísica. Zubiri vê no Ser e na Realidade, no plano das formalidades metafísicas, duas formalidades que se trata de distinguir cuidadosamente. Ele não pensa que sua ideia de Realidade seja chamada a desalojar ou a substituir a noção heideggeriana de Ser, mas antes que esta deva ser purificada e superada em direção à ideia de Realidade.[23]

II. A doutrina de Sobre a Essência

Entre os trabalhos mais antigos de Zubiri, como *Natureza, História, Deus* e as *Cinco Lições de Filosofia*, por um lado, e *Sobre a Essência*, por outro, há, como observa Ignacio Ellacuria, não ruptura, mas evolução. O traçado dessa evolução, partindo da *ideia* da filosofia, principalmente concebida do ponto de vista do filósofo, orienta-se para a construção da filosofia enquanto busca do fundo "último das coisas" – passa, portanto, da ideia ou do paradigma da filosofia à sua atualização. *Sobre a Essência* se apoia, evidentemente, sobre as reflexões anteriores, nas quais Zubiri, em diálogo com outros filósofos, contemporâneos ou do passado – conforme à sua proposição: "A história da filosofia não é cultura nem erudição filosófica. É encontrar-se com os demais filósofos nas coisas sobre as quais se filosofa"[24] –, formulou sua própria ideia da filosofia, da qual a doutrina de *Sobre a Essência* constitui a atualização. Como nota Ellacuria: "Em sua última etapa, Zubiri deixou de lado o que é a filosofia, para ocupar-se inteiramente de fazê-la".[25]

Peri tès ousias hè theoria

Foi essa frase da *Metafísica* de Aristóteles que Zubiri escolheu por *motto* de *Sobre a Essência*. Essa escolha é pertinente, pois sua

---

[23] HOM I, p. 475.
[24] NHD, p. 256.
[25] HOM I, p. 485.

investigação e a de Aristóteles são idênticas, ainda que efetuadas em perspectivas e expressa em termos bem diferentes. O que Aristóteles entendia por *ousia* – não o que ele finalmente apresentou como *ousia*, não o que de fato correspondia, a seus olhos, às condições da ουσια, mas o que é a *ousia* –, o que Aristóteles, portanto, entendia por *ousia* é: o que é realmente real; não só o que é real *de fato* (o que seria antes objeto da ciência, como observou Zubiri com frequência), mas o *princípio* que faz que o que é realmente real seja *real*. E isto Zubiri o indica claramente como o fim de toda investigação filosófica, fim que ele faz seu: *lo último de las cosas*;[26] não "as coisas" (ainda que estas sejam o único ponto de partida e o ponto de referência eventual de toda *theoria*), mas "o fundo das coisas". Fundo último do ponto de vista da filosofia enquanto busca do homem – e princípio, começo, em sentido absoluto, do ponto de vista do que é realmente real: começo e fundamento necessário da necessidade e da atualidade.

No início, há um risco de confusão, que Aristóteles e Zubiri têm o cuidado de evitar, o segundo mais preocupado com isso, talvez, pois ele viu essa confusão atuar em alguns dos maiores filósofos do Ocidente: Platão e Hegel, para resumir todos os que se convencionou chamar de "idealistas". Essa confusão afeta a noção de princípio, e consiste em tomar a ideia por princípio, em lugar do princípio real; em outros termos, o princípio do real é supremamente real. Depois, continua na tentativa de derivar o realmente real da ideia, na exigência de ver o segundo conforme à primeira, complicando assim o problema por meio da confusão entre *sollen* (dever-ser) e *sein* (ser). Ora, aos olhos de Zubiri, isto constitui uma inversão entre a ordem da verdade e a ordem da realidade. Segundo ele, a verdade é determinada pelo que é. A verdade é da ordem da *physis*, se compreendermos a *physis* como Aristóteles a compreendeu: como o princípio real atual do que é atualmente real. Como escreve I. Ellacuria: "Uma metafísica que não fosse suficientemente 'física' deixaria de ser o que é, para se converter em lógica, fenomenologia, etc.".[27] Citação que ecoa a declaração de Zubiri: "A metafísica jamais poderá ser uma lógica.

---

[26] NHD, p. 254-56.
[27] HOM I, p. 478.

É insustentável o suposto primordial da metafísica hegeliana".[28] Mas então o que é a "física"?

Aqui, Aristóteles contribui em parte para criar a confusão da qual se trata de libertar o conceito de "físico". Ele faz uma nítida distinção entre o que é natural e o que é técnico ou artificial. Ora, Zubiri observa que a experiência moderna mostrou que é tecnicamente possível fazer alguma coisa que é perfeitamente real, real no sentido mesmo em que as coisas reais são reais. "Física" não deve ser compreendida como significando o que é "natural"; é preciso ver nela um sinônimo de "real". Outros identificaram o real com o que existe: o existencial, o vital, o ôntico, o ontológico, a lógica, o experimentável, etc. Para Zubiri, nenhuma dessas noções se revela suficientemente última para representar o final da busca metafísica. A fórmula "real-física" seria um pleonasmo? Zubiri responde: "É puro pleonasmo, mas muito útil".[29]

Como afirma Zubiri, empirismo algum deve implicar uma falsa oposição, que remonta em parte a Aristóteles, entre "física" e "metafísica". O "físico" possui dois aspectos: um positivo, o outro "meta"-físico. Isto significa que "físico" deve ser compreendido, de um lado, como o que *é* real (isto é, como um "fato"); o que constitui a dimensão positiva do mundo físico. É preciso, por outro lado, considerar o "físico" como o princípio último do real enquanto tal. Esses dois aspectos do que é "físico" não são idênticos, mas ligados de uma maneira particular, o que Zubiri explora longamente quando aborda a questão da "função transcendental" da "essência", em particular. A "realidade física é realidade *qua* realidade; portanto, seu caráter físico é *eo ipso* um caráter formalmente metafísico".

Metafísica não significa que haja uma evasão do mundo físico para um mundo conceitual, em favor de uma lógica predicativa ou de alguma outra construção mental, mas significa uma concentração no vínculo transcendental que liga o que é atualmente real e o princípio dessa realidade, mas como real enquanto real. A ciência "positiva" se interessa pelo que *é* real, ou seja, pelo que explicita, exemplifica, etc., a realidade. A metafísica se interessa,

---

[28] Xavier Zubiri, *Sobre la Esencia* (daqui por diante, SE). Madri, Alianza, 1998, p. 47.
[29] SE, p. 13.

no que é real, pelo que é sua realidade, pelo que a estabelece enquanto real, e já não como real atual ou como *tal* [coisa] real. Esta segunda investigação vai "além" dos limites do conhecimento positivo, mas o real no segundo sentido é inteiramente atualizado no que é real no primeiro sentido, e só se consegue vê-lo quando o que é real, no sentido de *atual* e de *tal*, é tomado como ponto de partida. O "aquém" não contém a ideia latente de um "outro"; é uma dimensão *muda* do que é atualmente real. O conhecimento físico, por conseguinte, pode ser esquematizado como "físico-positivo" e "físico-metafísico". O primeiro se interessa pelo que tal coisa é em sua *talidad*, em sua concreção real; o segundo se interessa pela mesma coisa, mas enquanto ela é real, em sua *realidad*. Assim, Zubiri ultrapassa o dualismo empírico-racional, ôntico-ontológico, etc., que assombrou a metafísica ocidental. Ele aborda a realidade sob seu duplo aspecto de "ser-tal" (*talidad*) e de função transcendental, e depois sob o do vínculo transcendental entre os dois. Sua filosofia não é uma metafísica "conceitualista" ou "materialista", ou ainda "fisicalista"; nem uma teoria dos objetos (Meinong) ou uma "ontologia". É uma metafísica "realista" no sentido pleno do termo – pois vai diretamente à realidade, à realidade que nos cerca, sob seu duplo aspecto. Sua filosofia não conhece oposição entre ciência e metafísica, mas um estrito inter-funcionalismo transcendental.

Essas considerações conduzem necessariamente à conclusão de que a metafísica deve ser uma investigação *intramundana*. Ela parte das coisas reais à nossa volta, para definir seu duplo aspecto: o que elas são enquanto coisas reais (talitativamente), e em que reside sua realidade – enquanto "real" e já não somente "talitativa". Lê-se: "Devo me propor (...) a descrever a estrutura e a condição metafísica das realidades enquanto tais". Em seu sistema, ele não deseja provar o fundo último por via metafísica; ele quer mostrar que a realidade das coisas reais do mundo não é última: "Só depois se poderá ascender à causa primeira do mundo, e se 'ultimará' no sentido mais rigoroso do vocábulo, isto é, se radicalizará ultimamente, por intrínseca e rigorosa necessidade, a estrutura metafísica do real enquanto criado". Este é um passo suplementar ao qual ele é conduzido por suas pesquisas sobre o caráter das coisas reais do mundo real enquanto *real*. Semelhante pesquisa ulterior "cairia no vazio se não se apoiasse numa filosofia primeira intramundana".

Por conseguinte, Zubiri rejeita dois pilares da metafísica clássica: a analogia e o conceito de metafísica geral. O primeiro gostaria de se distanciar da realidade intramundana, para só se interessar pelas realidades transmundanas, e sua ciência constituiria uma "filosofia primeira" que teria por objeto o "ser enquanto ser" (*ens ut sic*). Aos olhos de Zubiri, essa "metafísica geral" se revela uma fantasmagoria, um produto da imaginação especulativa. A questão *O que é a realidade?* só pode ser posta sobre o fundo das coisas reais tais como são no mundo e tais como estão presentes à inteligência humana: a uma *inteligência senciente*. Uma vez que a realidade só se apresenta a nós sob a forma de coisas reais, e que as coisas reais, que nos estão presentes como tais, são as coisas deste mundo, não há outro ponto de partida para uma filosofia primeira, e só uma metafísica *intramundana* é plausível como filosofia primeira. Eis por que o método da analogia, sobre o qual repousa essa metafísica geral, lhe parece inadequado, pois supõe que haja diversas maneiras de *ser real*, o que não pode ser o caso, mesmo que houvesse numerosas maneiras de ser (*ser, estar siendo*), ou que os caminhos do conhecimento do real sejam múltiplos, o que tampouco pode ser o caso. Essa metafísica intramundana, portanto, deve contar como filosofia primeira, pois é somente por via dessa metafísica intramundana que se pode atingir o princípio da realidade, mesmo que esse princípio seja posto "aquém" das coisas reais do mundo – e do mundo enquanto criado. Eis por que o "aquém" não é uma fantasia por trás das coisas reais, mas uma profundeza última de sua realidade.

Inteligência e realidade

Uma das primeiras questões que se colocaram a Zubiri foi a do acesso primeiro e fundamental do homem à realidade. Ele responde a essa questão por meio da teoria da "inteligência senciente". Enquanto descrição do primeiro acesso do homem à realidade, a teoria da inteligência senciente se distingue da "questão epistemológica" ou da teoria do conhecimento. A teoria da inteligência precede a questão epistemológica, e toda teoria epistemológica pode, eventualmente, mostrar que pressupõe, em sua preocupação por saber *o que* e *como* o homem pode conhecer, uma teoria da inteligência.

Para Zubiri, há uma conexão estrita entre a inteligência e a realidade. O que se deve entender por realidade depende, necessariamente, da maneira pela qual as coisas se apresentam a nós, da maneira pela qual nós as encontramos. *A determinação do modo fundamental de presença das coisas à inteligência é, de si, uma determinação da realidade.* Zubiri evita duas posições extremas que, no passado, impediram que se progredisse: em primeiro lugar, aquela que considera a realidade humana, a realidade da inteligência, como *fechada*, de modo que ela deve "sair" de si mesma para buscar as coisas; em segundo lugar, aquela que a considera como pura *abertura*, de modo que a realidade nada mais é do que seu precipitado. Com efeito, existe uma implicação mútua, mas que não exige, necessariamente, nessa reciprocidade, uma perfeita equivalência de estatuto.

O traço saliente dessa mútua, mas não equivalente, implicação entre inteligência e realidade, segundo Zubiri, é "*la principialidad de la realidad sobre la inteligencia*", a principialidade da realidade sobre a inteligência. Esse estatuto de princípio significa uma prioridade; a prioridade do real significa que o real que nos está presente é alguma coisa cuja presença é consequente e subsequente ao real, sempre real em seu caráter próprio. Essa prioridade não é somente a da realidade diante do Ego, ou diante da razão, diante do *logos* predicativo, do conceito, da intencionalidade ou do "desvelamento". É isso e mais. Essa prioridade se funda na atividade primeira e formal da inteligência: a *atualização*. Essa atualização, que se deve considerar como a verdadeira essência da inteligência, significa que a realidade, atualizada anteriormente à presença da inteligência a si mesma, leva a inteligência a se atualizar a si mesma conforme a essa realidade antecedente. A atualização intelectiva se faz no intelecto e por meio do intelecto, mas o ato que se atualiza a si mesmo na inteligência é o ato e a atualização da coisa. Eis por que o que é a realidade (como distinta do que simplesmente é real) só aparece formalmente na pura atualização da inteligência, pois o que é a inteligência só aparece formalmente na pura formalidade da realidade enquanto anterior à inteligência. Juntos, esses momentos formam – numa exata relação hierárquica – a verdade real.

No caso da inteligência humana, a força com que a realidade se apresenta manifesta características específicas. A inteligência humana não é pura inteligência. A sensibilidade humana constitui uma inteligência senciente. A sensibilidade humana apresenta a realidade sob a forma de impressões, porém apresenta a realidade como especificamente *real*. O homem é um "*animal de realidades*". Suas impressões já não são "afecções" de seu próprio estado, mas da realidade mesma. No entanto, ele só tem acesso à realidade pelo viés da realidade sensível dada nas impressões; mas aquilo de que ele tem impressões é a realidade mesma tal como é *de suyo* – "de seu". O realismo radical da condição da inteligência humana é o princípio básico da metafísica intramundana de Zubiri.

A realidade como princípio

Para Zubiri, a realidade mesma, em seu caráter *de suyo*, é o princípio que permite explicar o fundamento e a totalidade do real. O que equivale a dizer: sua prioridade absoluta em relação à inteligência. O caráter da realidade, enquanto princípio, é então anterior e mais fundamental que o princípio proposto em outros sistemas metafísicos. Os outros são antes derivados – derivados da presença da coisa em seu caráter *de suyo*. Isto é verdade em relação à natureza, à existência e ao existente, à aptidão para existir, à essência em sua versão clássica, e ao Ser em toda e cada uma das três significações que lhe foram reconhecidas: copulativa, substantiva e transcendental. A realidade como *de suyo*, esse *prius* irredutível e não dedutível de uma presença, é o princípio que explica tudo.

A essência como princípio estrutural da realidade

Ao longo de suas pesquisas, Zubiri afirmou incessantemente que só se pode atingir a realidade nas e por meio das coisas reais – e não mediante algum processo lógico ou algum esforço dialético. É nesse sentido que se pode afirmar que a realidade possui seu princípio – *está principiada* – nas coisas reais. O que é então a realidade das coisas reais? Sua resposta é: a essência. A essência é o princípio da realidade das coisas reais. As coisas reais constituem sua essência. E a essência mesma, por sua vez, deve ser compreendida simultaneamente como quiditativa e transcendental; como investindo a coisa real de seu estatuto quiditativo ou talitativo, como uma coisa real de tal ou qual espécie, e enquanto real *simpliciter*.

O conceito zubiriano de essência difere de todos os outros conceitos de essência propostos ao longo da história da filosofia. Ele identifica e caracteriza a essência "pela função que ela exerce na coisa real". Quando respondemos à questão: Que função a essência exerce na coisa real?, indicamos o que é a essência enquanto princípio. Ora, a essência, segundo Zubiri, possui três modos de função, ou efetua três operações. Em primeiro lugar, ela estabelece a coisa real em seu estatuto quiditativo ou talitativo como coisa de tal ou qual espécie – é o estatuto que indicamos respondendo à questão: O que é, de que tipo é isto? Em segundo lugar, a essência estabelece a coisa em seu estatuto quiditativo, mas enquanto *real* – real no sentido de que todas as coisas, mesmo quiditativamente diferentes entre si ou umas das outras, são univocamente reais. Por último, a essência estabelece a relação entre essas duas vertentes: uma relação que Zubiri denomina "identidade funcional". A consequência dessa identidade funcional é que, em uma das duas ordens, na ordem talitativa, o discurso incide sobre a realidade dessa ordem (e não somente sobre tais aparências, etc.), enquanto na ordem da realidade se discorre sobre tudo o que é real. Porém não nos é dado, constitutivamente, manter esse discurso; essa possibilidade é derivada; ela reflete a estrutura complexa do real em suas dimensões imanente quiditativa e transcendental. De uma à outra, a profundeza da imanência constitui uma diferença crucial. Pois o transcendental não é de si o transcendente (ainda que o transcendente não esteja excluído da Realidade, mas, pelo contrário, esteja nela profundamente implicado), mas o que constitui a realidade transcendental de tudo, de cada coisa que é real. Assim como a ordem talitativa não é alguma coisa que "ocorre por acidente" a um substrato constante, idêntico a si mesmo. O real, em seu caráter transcendental, só é realizado e atualizado nas coisas que são reais na totalidade de seu caráter talitativo.

A estrutura complexa é o que constitui o mundo. O mundo é constituído pelo fato de que a ordem talitativa e a ordem da transcendentalidade são intrínsecas uma à outra. O vínculo entre elas consiste nisto: que o talitativo exerce uma função transcendental. Ele estabelece o real como *de suyo*, como *res* ou como coisa: o complexo talitativo-transcendental em seu caráter *de suyo*.

Essência fechada e essência aberta: a pessoa

Segundo Zubiri, há dois tipos fundamentais de essência: a essência fechada e a essência aberta. O que as distingue está na base do conceito de pessoa. A essência fechada é fechada porque, em função de seu estatuto talitativo, toda a sua realidade transcendental se esgota em ser *de suyo* (de si e em si). A essência aberta, em contrapartida, é aberta porque ela não é somente *tal* como é, mas porque, além disso, em função do *que* ela é, ela pertence a si mesma (para si e em si). Ela é formalmente e duplamente *suyo*; ela se possui a si mesma em seu caráter formal de realidade. Sua maneira de ser *suyo* é o que constitui uma pessoa.

A estrutura da essência fechada é a razão pela qual alguma coisa é um "fato"; uma essência fechada, como princípio estrutural, é uma coisa simplesmente "natural". A estrutura da essência aberta é aquilo por que alguma coisa é um "evento". A essência aberta, como princípio estrutural, já não é simplesmente uma coisa "natural"; ela é isso também, mas, além disso, é uma realidade-evento.

A essência, enquanto princípio, é um princípio estrutural. A essência não é somente o princípio da substantividade; é o princípio de tudo o que a coisa é, e de todas as suas modalidades de ser real. A essência, por sua vez, é tão real "de per si", que tudo o que é real só é real por meio de sua operação.

4. A TRILOGIA SOBRE A INTELIGÊNCIA

Antonio Ferraz Fayos

Desde Parmênides, pelo menos, o pensamento filosófico manteve uma oposição constante entre sentir e conhecer, entre a sensibilidade e o entendimento (ou a inteligência e a razão), entre sensação e intelecção. Esse dualismo foi considerado como um fato indubitável, paralelamente a dois outros dualismos: aparência-realidade e erro-verdade. As relações entre os termos desses três dualismos se nuançaram segundo sua posição em um ou outro sistema. Porém a separação entre sensação e intelecção se manteve; ela tinha por fundamento a distinção de duas faculdades: a sensibilidade é uma faculdade, e a inteligência outra, e cada uma possui uma função particular. Admite-se, em geral, que a sensibilidade está aberta às influências do mundo exterior, e que a inteligência submete os dados recebidos pela sensibilidade a certas operações específicas: as de formar conceitos, de julgar e de raciocinar.

Zubiri questiona essa tradição, pois a considera vaga, sem permitir afirmar formalmente o que é sentir nem o que é inteligir. O que equivale a dizer que esses conceitos não foram submetidos a um esclarecimento que permitiria defini-los completamente. É essa tarefa que Zubiri empreende em sua "Trilogia" sobre a inteligência, cujo primeiro tomo tem por título *Inteligência e*

Realidade (1980), enquanto o segundo se intitula *Inteligência e Logos* (1982) e o terceiro *Inteligência e Razão* (1983).[1]

A pesquisa que constitui o conteúdo dessas três obras é empreendida e conduzida de modo fenomenológico. Ela visa a analisar os atos de sentir e inteligir em si mesmos e por si mesmos, e não como atos de dada faculdade. Esses atos são fatos imediatamente analisáveis. Falar de "faculdades" conduziria além, na direção de um trabalho de metafísica. Zubiri não pretende elaborar uma metafísica da inteligência, mas procura, primeiramente, determinar com todo o rigor a estrutura da intelecção. Se utilizamos – já nos títulos – o termo "inteligência", é preciso saber que isto significa o caráter "abstrato", "formal" da intelecção, e não uma faculdade.

Sentir e inteligir

A análise que visava a esclarecer o sentir e o inteligir, para obter sua determinação precisa, conduziu Zubiri a uma constatação sem precedente: sua separação não encontra nenhum apoio sólido nos fatos. Certamente, sentir e inteligir são atos diferentes, e não é possível identificá-los; entretanto, "o sentir humano e a intelecção não sejam dois atos numericamente diferentes, cada um completo em sua ordem, mas constituem dois momentos de um único ato de apreensão senciente do real: é a inteligência senciente".[2]

O ato cujos momentos são o sentir e o inteligir é um ato de apreensão, de captação de alguma coisa, sem que essas expressões impliquem nenhum juízo sobre a situação ou sobre a existência do que é apreendido. A apreensão não é uma teoria, é um fato. Vê-se uma cor ou algo colorido, ou ouço um som ou alguma coisa sonora; apreendo alguma coisa, isto é, dou-me conta de alguma coisa que está presente a mim. Ora, como a apreensão reúne o sentir e o inteligir, é nela que é preciso buscar a diferença e o papel próprios de um e de outro.

---

[1] As obras utilizadas para as referências foram as publicadas em 2011 pela É Realizações. Daqui por diante, respectivamente, IS, IL e IR. (N.T.)

[2] IS, p. LIV.

O sentir e o inteligir não se contrapõem; o que se contrapõe são o sentir puro e o sentir intelectivo; o primeiro é próprio dos animais não humanos, o segundo é próprio do homem.

O que chamamos inteligir e sentir, repito, não são senão dois momentos do ato único de apreender sencientemente o real. Assim como não pode haver conteúdo sem formalidade nem formalidade sem conteúdo, assim também não há senão um único ato, o ato do sentir intelectivo ou de intelecção senciente: a apreensão senciente do real.[3]

A intelecção é, pois, constitutiva e estruturalmente senciente em si mesma enquanto intelecção. Reciprocamente, no homem o sentir é constitutiva e estruturalmente intelectivo em si mesmo enquanto sentir. Donde a sensibilidade não ser uma espécie de resíduo "hylético" da consciência, como diz Husserl, nem um *factum brutum*, como a chamam Heidegger e Sartre, mas um momento intrínseco e formal da própria intelecção.[4]

A intelecção é um ato de apreensão impressiva de alguma coisa enquanto real, isto é, de alguma coisa que *difere* daquele que apreende, a quem essa coisa *está* presente e a quem ela manifesta suas características próprias. Esse "ser em presença" física e somente esse "ser em presença" constitui toda a atualidade do real, que ao mesmo tempo é a atualidade da própria intelecção. Enquanto apreensão impressiva, ela é senciente; enquanto apreensão de alguma coisa que é real, ela é intelectiva. O homem possui, assim, uma inteligência senciente e um sentir inteligente. A "realidade" se refere primária e originariamente à "realidade". O homem está instalado no real, na realidade em virtude de sua inteligência senciente.

Três modos de intelecção

Pode-se afirmar, em suma, que *inteligir* é apreender alguma coisa enquanto real. Um ato que não apreendesse algo real não seria uma intelecção, e toda apreensão de alguma coisa real será uma intelecção. Porém, segundo Zubiri, há diferentes modos de

---

[3] IS, p. 56.
[4] IS, p. 57.

intelecção. Três, para ser mais preciso. Um primeiro modo se denomina "apreensão primordial da realidade". Poder-se-ia chamá-la, mais simplesmente, de "intelecção primordial". Depois, há uma intelecção enquanto logos, ou simplesmente "logos"; enfim, há uma intelecção enquanto razão, ou simplesmente "razão".

A apreensão primordial abrange todas as características da intelecção: a simples "atualização impressiva" de alguma coisa enquanto real. E nada mais. Estruturalmente, é a apreensão mais simples. Sobre ela se apoiam, implicando-a, os dois outros modos de apreensão. Apreender uma coisa em seu campo de relações com outras coisas supõe a apreensão dessa coisa em si mesma e por si mesma: o que significa que o "logos" se apoia sobre a apreensão primordial e a implica. Por sua vez, apreender uma coisa como um momento "da" realidade supõe a apreensão de um capo (*aprehensión campal*). A "razão" se apoia sobre ela e, portanto, implica o "logos", e, por essa via, a apreensão primordial do real.

O homem encontra o real nesse nível fundamental que é a apreensão primordial. E ele o encontra porque o real está presente a partir de si mesmo e por si mesmo. Contudo, isto não coloca o homem numa situação de pura passividade. Os modos ulteriores de intelecção, o "logos" e a "razão", possuem caráter dinâmico. Seu dinamismo procede da estrutura do real, apreendida na apreensão primordial, e eles jamais rompem (completamente) o vínculo, a referência ao real como aquilo que, propriamente falando, é. Nessas apreensões dinâmicas – logos e razão –, a intelecção é um princípio ativo. O homem, ao utilizar sua inteligência, procura compreender mais amplamente e mais profundamente o que foi apreendido na intelecção primordial, mas nem o logos nem a razão são movimentos que se separam do real ou que conduzem para além do real. Eles operam no real atualizações – ou reatualizações – mais complexas e mais profundas. Não há aí idealismo nem empirismo, mas tampouco uma forma de realismo tradicional.

A intelecção como logos

Toda coisa real abre diante de si um "campo de realidade". A noção de "campo de realidade" desempenha um papel fundamental nas pesquisas zubirianas sobre a intelecção. "Campo de realidade" forma, juntamente com as de "abertura", "relacionalidade", "transcendentalidade", uma constelação de noções e designa o espaço no qual se dá a intelecção enquanto logos.

Parece que Zubiri utilizou esse conceito sob influência das ciências, e em particular da Física. A ciência constitui uma parte de seu pensamento, em estreita relação com sua cultura filosófica, teológica e linguística. E o século XX utilizou em profusão, e de maneira fecunda, essa noção de "campo". Ela pode ser encontrada em Física – onde se fala, por exemplo, de campo magnético –, e os biólogos falam de "campos filéticos". Zubiri retoma das ciências, portanto, a noção de "campo", mas concedendo-lhe maior alcance.

Campo de realidade é uma expressão que designa um dado primário da experiência: a saber, que as coisas reais se abrem a outras em um ambiente no qual elas são "na realidade". Tal é o sentido próprio dessa expressão quando se trata da intelecção como logos.

Nesta intelecção, os dois momentos: o momento individual e o momento "de campo" (*campal*) são apreendidos juntos. A coisa, incluindo sua relação com outras coisas, é apreendida, atualizada de maneira direta, imediata e unitária. A coisa é apreendida simultaneamente como tal e como formando um todo com a "paisagem" na qual ela se inscreve. O logos apreende o que é a coisa "na realidade", isto é, entre as outras coisas. Quanto ao termo "logos", Zubiri recusa-se a seguir a tradição grega, que faz do *logos* a forma suprema do pensamento e da inteligência, e o ápice do que é possível *declarar* (*logos apophantikos*) sobre alguma coisa. Ora, antes de poder falar de uma coisa da qual se formou a ideia, é preciso ter apreendido essa coisa no "campo de realidade" no qual ela está "em relação" e "em realidade". Pois "o logos, antes que declaração, é intelecção de uma coisa campal desde outra. O que significa que o logos mesmo é um modo de intelecção e, portanto, não é uma estrutura que repouse sobre si mesma".[5] Em lugar de logificar a inteligência, convém "intelegificar" o logos.

---

[5] IL, p. 31.

É o que faz Zubiri por ocasião da análise da inteligência, e o que o conduz para além do logos, em direção à razão. Se o logos é uma modalidade da impressão da realidade, a razão é a intelecção do real "em campo" (*campal*), mas em profundidade, segundo as dimensões de um "mundo" (*mundanalmente*).

A intelecção como razão

A razão é o caráter intelectivo do *pensamento*. O pensamento é um inteligir aberto pelo real, a busca de alguma coisa além do que já foi compreendido. É como um busca da realidade do real já apreendida. Pensar é sempre pensar rumo ao "real além". É, portanto, um "inteligir em abertura", é uma intelecção começada: "o inteligir pensante" abre caminhos que não desembocam definitivamente na realidade das coisas. Um pensamento não é jamais um ponto de chegada sem continuação, é intrínseca e constitutivamente um ponto de partida. O pensamento é ativado pela realidade enquanto aberta. O real *inteligido* é dado como realidade, é um dado da realidade; é a realidade *dada* e, por isso, um dado para o pensamento, sendo o dado-para um momento da atualidade do real em sua abertura ao além.[6]

O pensamento é igualmente uma atividade. Afirmar – logos – não é uma atividade, assim como não o é a apreensão primordial da realidade. Afirmar é simplesmente um movimento. A atividade não é constitutiva do inteligir; é apenas enquanto atividade pelas coisas, enquanto [momentos da] realidade aberta, que o inteligir é uma atividade, um ato de pensamento.

A razão é o caráter intelectivo do pensamento, e nesse sentido é a intelecção pensante do real. O pensamento e a razão são dois aspectos de uma só e mesma atividade. Pensar é o aspecto de busca dessa atividade, é a inteligência em busca. Como inteligência, já é uma atualização, mas em movimento para obter nova atualização do que – "em campo" (*campalmente*) – pôs o pensamento em atividade. Essa nova ativação é um modo de intelecção diferente da apreensão primordial e da afirmação lógica: é a razão.

---

[6] Cf. IR, p. 22.

O esclarecimento dessa intelecção se baseia numa dupla consideração: essa intelecção, antes de tudo, é uma intelecção *minha*, é *minha* razão. Mas, ao mesmo tempo, é a razão das coisas reais mesmas. Se, com efeito, segundo uma feliz expressão, "as coisas dão que pensar", esse pensamento é o de um sujeito, sem, todavia, ser subjetivo. Porém as coisas igualmente "dão razão". "Na marcha intelectiva, as coisas reais começam por dar que pensar, e terminam por dar razão. São dois 'dares' diferentes. Mas sua unidade é o 'dar' enquanto tal."[7] Ou, ainda, a razão é a atualidade pensante do real. Como pensante, ela é minha; como atualidade do real, é a das coisas. A unidade da razão como minha e como razão das coisas repousa sobre o fato de que a razão é a atualidade pensante do real.

> A unidade da razão é unidade como atualidade intelectiva do real. E é a esta atualidade que formal e exclusivamente concerne o célebre princípio de razão suficiente. A meu ver, deve-se dizer: toda e qualquer realidade inteligida em razão é realidade cuja atualidade é fundamentada na e pela realidade mesma.[8]

Em resumo, e retrocedendo um pouco: a unidade entre sentir e inteligir se funda na impressão de realidade. Por ser uma *impressão*, ela é sentida, mas, por ser uma impressão *da realidade*, ela é intelectiva. Em toda impressão de realidade há uma abertura ao mundo. A impressão da realidade é transcendentalmente aberta, e essa abertura leva a intelecção à busca racional, módulo intelecção como razão. É a realidade mesma que impõe a intelecção racional; a impressão de realidade, em profundidade, impõe-se com força coercitiva, a realidade nos "mantém em razão"; mas ela não mostra o conteúdo que pode ter a realidade como fundamento, e tampouco nos impõe ver qual é a estrutura "fundamental" do real. Donde o fato de que a razão senciente, nossa razão, se mova num paradoxo: a imposição da realidade é a imposição necessária de alguma coisa que é não necessária. Essa unidade paradoxal é a liberdade. "A essência da razão é liberdade".[9] É também por isso que o termo *para* o qual a pesquisa prossegue em profundidade é

---

[7] IR, p. 53.
[8] IR, p. 59.
[9] IR, p. 82.

possível. A possibilidade é o objeto formal da razão. Esta se move no real, mas sempre e somente como real possível.

Do conhecimento

A intelecção racional nada mais é do que o conhecimento. Conhecer o que uma coisa é, é *inteligir* sua realidade profunda, é compreender como ela é atualizada em seu próprio fundamento, como ela se constitui "em realidade" como princípio de medida. Segundo essa ideia, nem a apreensão primordial nem o logos são "conhecimentos". Ver o verde, compreendê-lo como alguma coisa de distinto do azul e afirmar que o verde é uma cor não são atos de conhecimento. Conhecer é inteligir o fundamento mesmo do verde, por exemplo, como onda eletromagnética. É a insuficiência da intelecção primordial que exige o procedimento racional e a atualização em profundidade de uma coisa já atualizada "em campo" (*campalmente*). O conhecimento é uma atualização em expansão que conduz a uma nova atualização. Desse ponto de vista, a intelecção em profundidade não é sinônimo de intelecção do último. "Conhecer algo em profundidade não é conhecê-lo já em sua realidade última. Mais ainda, a intelecção em profundidade é um fato; mas o acesso à ultimidade é constitutivamente um problema sempre aberto até o infinito."[10]

Os momentos estruturais do conhecimento são três: a objetualidade, o método e a descoberta da verdade. A *objetualidade* consiste, para a coisa, em ser "apresentada", posta sobre um fundo de mundo, ser um ob-jeto, um *ob-positum*. O "ob" da ob-jetualidade indica uma relação de manifestação, cognoscível em razão, com a realidade como fundamento; e, além desse caráter de testemunha e de indício, possui o caráter do "positum", da positividade, sem que isto signifique uma "substancialidade". A objetualidade é a positividade, por exemplo, de uma decisão ou de um fato histórico, mas não necessariamente de uma coisa substancial.

A razão busca o fundamento da realidade "em campo" no mundo, transformando esse real aberto em objeto. "Pois bem, o

---

[10] IR, p. 132.

'como' da busca do fundamento no mundo é o que constitui o *método*."¹¹ O método é o caminho do conhecer, e é um caminho problemático, contrariamente ao objeto real e ao mundo, que não são problemas. Ou ainda: o método, considerado do ponto de vista do intelecto, é o caminho que conduz da atualização "em campo" (*campanal*) de alguma coisa à sua atualização "em mundo" (*mundanal*). O método é a atualização "investigativa" da realidade, é o "ser a caminho" da atualização do fundamento. Ainda é preciso compreender a relação entre "campo" e "mundo". Seria errôneo acreditar que o "campo" recobre e oculta o "mundo". Pelo contrário, há continuidade entre o campo e o mundo, de modo tal, que o fundamento não é uma coisa em si no mundo, uma zona oculta da realidade que fundasse alguma coisa patente, situada no campo. O campo não é senão a face imediatamente visível da realidade una. Porém nessa presença física imediata se manifesta a abertura do "campo", a indicação "para" um além--aquém: o "mundo". É sobre um fundo de mundo que a coisa "em campo" se articula, enquanto real, a todo o real, isto é, se constitui como um momento "da" realidade. Certamente, essa articulação já é dada no campo, como abertura, mas não com o perfil preciso (mas inatingível) que faz da razão uma intelecção em busca. O campo nos leva adiante de maneira inexorável, mas não mostra de maneira definida as articulações do mundo.

A verdade

Verdade: este termo exprime uma ideia filosófica de primeira ordem e enuncia um problema capital, do mais alto interesse para o homem. A ideia de verdade está em estreita correlação com as ideias-mãe de realidade (e/ou de ser) e de conhecimento (sensibilidade-entendimento-razão). Em Zubiri, a ideia de verdade se articula estreitamente com as de realidade e de intelecção. No entanto, a questão da verdade concerne à intelecção enquanto tal e não somente à intelecção afirmativa, como dá a entender uma tradição que faz da verdade uma qualidade da afirmação.

---

[11] IR, p. 161.

Há um modo da verdade que corresponde à apreensão primordial – a verdade real – e outro que corresponde ao logos e à razão. A verdade real é a da apreensão primordial, e não pode haver aí "erro real". É uma verdade simples, pois se trata de uma ratificação, e ela está no fundamento de toda outra verdade possível – para o logos e para a razão. A verdade real é simples, não porque a coisa apreendida o seja quanto a suas notas – uma paisagem abrange numerosas notas, e pode ser objeto de uma apreensão primordial –, mas porque, nessa apreensão, não se faz referência a outra coisa. Pensou-se, tradicionalmente, que a verdade se constitui em referência a uma coisa que se concebe e cuja qualidade se afirma. Ora, a verdade radical, para a qual não existem tais referências, consiste na pura presença do real na apreensão impressiva de alguma coisa.

Em contrapartida, tanto na intelecção como logos quanto na intelecção como razão, a atualização se divide segundo as correlações do real. Fala-se então de uma dupla verdade: a verdade de pura presença – líquido vermelho, aí – e a verdade do "sistema de notas", que caracteriza uma coisa em seu "campo" de realidade – por exemplo, o vinho, o fruto do vinhedo, na garrafa, sob determinada luz, etc.

"Toda e qualquer verdade dual é essencialmente uma *verdade coincidencial*, uma coincidência entre a verdade real da coisa e a intelecção desta coisa 'desde outras'"[12] – por referência a outras.

No logos, a verdade é a coincidência entre uma simples apreensão e o que é imediatamente apreendido (autentificação), e, igualmente, a coincidência entre uma afirmação e o que alguma coisa é "em campo". Já na verdade de razão, descobre-se que o que está "em campo" está "em mundo". Ainda aí, são coisas apreendidas "no campo" que fornecem a verdade, mas já não em si mesmas, por constatação, pois o esboço construído para determinar o que alguma coisa "poderia ser", como realidade "do mundo", não se dá "no campo". O que se descobre é que o comportamento das coisas "em campo" é o que se esperava em função do esboço construído pela razão para apreendê-las. As partículas subatômicas,

---

[12] IR, p. 208.

as ondas eletromagnéticas, a força de gravitação ou a curvatura do espaço-tempo não são coisas que, enquanto partículas, ondas, etc., sejam apreendidas "em campo". Trata-se de esboços de possíveis, "veri-ficados", isto é, tornados verdadeiros pela razão.

A verdade racional não se identifica com a verdade lógica, mas a inclui. A razão não é o logos. A verdade de razão não consiste na conformidade com o real. Sem conformidade certamente não haveria verdade racional, mas a descoberta não é em si a conformidade, mas alguma coisa que a engloba; é uma *confirmação*. Uma confirmação que não se deve compreender como a ratificação de uma afirmação verídica, mas como a constituição mesma da verdade racional.

A verdade racional é também o completar do esboço. É o que o real já apreendido "em campo" *poderia ser* como momento do "mundo". Esse "poderia ser" não indica uma simples possibilidade abstrata; o esboço é uma construção na qual se inteligem as possibilidades que tornam possível o real em sua realidade "mundana".[13] Por outro lado, sendo o sistema de possibilidades em cada caso livremente esboçado, segue-se que a atividade racional de elaboração dos esboços é uma opção livre. É o que caracteriza o esboço como ato de intelecção. Não há, contudo, somente as possibilidades que "tornam possível"; é igualmente o caso da intelecção pensante do real. Pode-se falar, assim, de uma coincidência entre o possível real e o a possibilidade de pensar.

Experiência e verificação

Como se descobre na experiência o *quid* do mundo que foi esboçado? Não há resposta nítida e unívoca a essa questão. A verificação é intrinsecamente dinâmica: verificar é ir verificando, e é isso o que constitui a experiência. A verificação pode consistir em que o esboço possui "consequências" que se confirmam "no campo". Em certas ocasiões, considerar-se-á o esboço como verificado, não porque nos mostra consequências

---

[13] Cf. IR, p. 241.

rigorosamente necessárias "no campo", mas porque já há certa concordância entre o esboço e a realidade, que pode ser observada "no campo". Em outras ocasiões, pode ser que o esboço apresente certos aspectos dos quais nenhum, tomado separadamente, baste para uma verificação, mas dos quais vários concordem com os resultados constatados "no campo". A verificação é trazida pela convergência.

A verificação pode se desenvolver por outras vias ainda. Pelo fato de que o "mundo" é o sistema referencial (*respectividad*) do real enquanto real, ele excede o "campo" que é o mundo sentido, e esse excesso abre nova via de verificação. Com efeito, o esboço do *quid* do "mundo" pode ultrapassar o "campo", pode possuir mais propriedades do que aquelas que são estritamente sentidas na intelecção "em campo". "Em geral, só uma intelecção racional que conduza à descoberta de novas propriedades verificáveis tem estrito valor científico."[14] Em caso algum as verificações são absolutas. Trata-se de procedimentos "para" uma verificação longínqua. A verificação se encaminha para mais adequação ao real. Assim é a dialética da adequação: a adequação é o limite do dinamismo racional.

Certos esboços não podem ser verificados. Pode ocorrer que um esboço seja inverificável porque o teste físico da realidade está excluído. Contudo, o inverificável é o refutável. Está-se diante, então, de uma experiência negativa, de uma verificação da não verdade do que é esboçado. Pode ocorrer que alguma coisa seja intrinsecamente inverificável, isto é, nem verificável nos sentidos até aqui propostos nem refutável. Há, por certo, experiências do inverificável; pelo fato de que o esboço construído não seja puramente aleatório, mas tenha pelo menos resultado de uma sugestão, a inverificabilidade do esboço conduz à sugestão inicial, tendo em vista construir novos esboços.

> Então o inverificável não nos fecha para intelecção: o que faz é abrir-nos para outros possíveis tipos de verificação, para uma intelecção, para uma marcha de novo tipo. É a forma mais radical da *dialética da razão*: a dialética da verificação enquanto tal.[15]

---

[14] IR, p. 217.
[15] IR, p. 222.

5. UMA FILOSOFIA DA RELIGIÃO CRISTÃ[1]

Antonio Pintor-Ramos

Renunciando a seguir o desenvolvimento do tema da "filosofia cristã" ao longo de toda a obra de Zubiri, abordamos diretamente um grupo de estudos que pertencem ao que todos os comentadores reconhecem como o período de maturidade do filósofo. Durante cerca de oito anos, entre 1965 e 1973, Zubiri, em seus cursos, retorna ao tema, retomando-o ao menos seis vezes, sem que isto pareça significar uma mudança em suas concepções básicas. Podemos deixar de lado os textos anteriores, ainda que sejam considerados seus textos mais conhecidos, pois tudo o que eles contêm de interessante está conservado em seus cursos, e parece mesmo apresentar uma estrutura teórica mais rigorosa e desenvolvimentos bem mais ricos. Isto foi possível porque, a partir de *Sobre a*

---

[1] Tradução ligeiramente abreviada de um artigo publicado na *Revista de Teología Salamanciense*, vol. 42, fasc. 3, set-dez 1995. (N. Eds.) – As siglas utilizadas neste texto são:
El Problema Filosófico de la Historia de las Religiones. Madri, Alianza, 1993: PFHR.
Inteligência e Realidade. São Paulo, É Realizações, 2011: IS.
Inteligência e Razão. São Paulo, É Realizações, 2011: IR.
El Hombre y Dios. Madri, Alianza, 1984: HD.
Dios, Hombre, Cristianismo (inédito): DHC.
Los Problemas Fundamentales de la Metafísica Occidental. Madri, Alianza, 1994: PFMO.
Sobre a Essência. Madri, Alianza, 1962: SE.

Essência (1962), Zubiri dispunha de grande parte do arsenal de sua filosofia, o que assegurava pleno vigor aos desenvolvimentos teóricos do tema que nos interessa.

No entanto, talvez não se tenha salientado suficientemente que, além disso, se trata de um momento escolhido, pelo fato da nova situação do pensamento católico em geral, e do catolicismo espanhol em particular. Dificilmente se evita a impressão de que o desenvolvimento desse tema, em Zubiri, é uma das consequências das perspectivas abertas pelo Vaticano II, e, concretamente, parece difícil de compreender esse desenvolvimento sem o decreto sobre a liberdade religiosa e a nova atitude de abertura à cultura e ao pensamento moderno. Em contrapartida, é fácil ver nisso o resultado filosófico desse novo clima, como se Zubiri tivesse retido esse tema até que se apresentassem circunstâncias oportunas. Se isto não significa que é preciso descartar os trabalhos anteriores, é que eles já procedem da posição inicial de Zubiri. Mas, agora, ele pode proclamar sem dissimular que, "na história, as atitudes defensivas são catastróficas, tanto no domínio religioso quanto em qualquer outro domínio".[2]

Como se sabe, esses cursos não foram publicados durante a vida de Zubiri, mas são publicações póstumas, o que não afeta em nada o valor ou a autenticidade do conteúdo. As dúvidas razoáveis que podem surgir só podem ser de natureza redacional ou terminológica. Nenhum problema de interpretação incide exclusivamente sobre esses escritos, ou então concerne a toda a obra de Zubiri anterior à Trilogia sobre a inteligência (1980-1983).

A estrutura sistemática do tema é suficientemente clara, mesmo que não seja isenta de complexidades devidas à extensão e à riqueza do domínio visado. Resumamos suas linhas fundamentais.

1. Os caminhos metafísicos da "religação"

Zubiri sempre parte de um fato de experiência universal, que, enquanto fato, não pode ser provado, nem necessita sê-lo. Esse fato se chama *religación*, que é o termo mais conhecido e mais

---

[2] PFHR, p. 170; 321.

antigo de toda essa temática. Mesmo que o termo possua afinidade sonora com o de "religião" – Zubiri mesmo recorre à duvidosa derivação etimológica de "religião", a partir do verbo (latino) *religare* –, o fato descrito não pertence ao domínio religioso. Como diz o filósofo: "A *religação* é o vínculo com a realidade enquanto realidade para ser".[3] À luz de sua filosofia da maturidade, pode-se especificar seu sentido como a expressão do fato de que toda pessoa está imersa numa realidade que, fazendo-a ser uma pessoa, a ultrapassa, se apodera dessa pessoa e se impõe a ela. Zubiri fala então de uma "força de imposição", como característica constitutiva com que a realidade é sempre dada. Como é o caso para todo outro fato, a *religação* pode e deve ser descrita, e veremos que esse ponto é incontornável.

Contudo, o fato da *religação* não se reduz à sua facticidade. Pelo contrário, essa facticidade abre a uma dimensão ulterior dessa realidade, por ser exigida pela pessoa como um fundamento último de possibilidade e de impulsão. Se essa exigência de transcender a facticidade for dada, o que jamais é dado, de maneira alguma, é a certeza de que essa exigência seja satisfeita, assim como não é possível saber se essa exigência se realizará ou cairá no vazio. É preciso, então, encontrar um caminho – uma "via", diz Zubiri – que forneça acesso a esse fundamento. Do mesmo modo, é preciso avançar com precaução na descrição da *religação*, pois a maneira pela qual se determinará a exigência condicionará, depois, de maneira decisiva, a descoberta do caminho. Como o fato da *religação* é o ponto mais conhecido da análise de Zubiri, não me deterei nele e só recorrerei a ele quando o assunto o exigir.

O núcleo do problema não é a *religação*, que é um fato e não um "problema". O problema de encontrar o caminho que permita, em seguida, realizar a exigência de transcendentalidade que emana desse fato. É o domínio do que Zubiri denomina "metafísica", que não é o estudo de um mundo além da física ("trans-físico"), nem sequer de objetos que supostamente ultrapassam toda experiência; trata-se, pelo contrário, de uma dimensão transcendental dada com as e nas coisas físicas mesmas na medida em que elas

---

[3] PFHR, p. 40.

excedem sua facticidade.[4] O "clima" do problema da religião, como de todos os outros problemas, é o da competência da razão, o que, em Zubiri, não significa a totalidade dos atos de intelecção, mas somente uma de suas modalidades, e precisamente a modalidade que, ultrapassando o dado, está em busca dos fundamentos exigidos nesse dado. Assim, a verdade da religião reside em sua racionalidade, o que não significa que se reduza a religião à racionalidade, e sim que a religião é uma realização da exigência última de transcendentalidade, e que essa realização é racional.

O funcionamento básico da razão pode ser esquematizado em três fases. A primeira é o início da atividade da razão. A razão jamais começa a operar por si mesma, mas é deslanchada a partir da análise do dado; como dissemos, essa análise apresenta uma dimensão que ultrapassa a facticidade, e a razão toma esta última como uma sugestão a ser seguida. A sugestão não força jamais, de maneira absoluta, a se ater a um só caminho, mas oferece múltiplas possibilidades entre as quais a razão pode escolher. Se essa escolha não é nunca determinada, ela não é, contudo, arbitrária, pois o dado funciona como um sistema de referências para o processo em marcha. O que sugere a transcendentalidade do dado é sempre um tipo de fundamento para o dado, mas o fundamento mesmo não é dado, e não pode sê-lo; é outra coisa o que a razão deve buscar, razão por que ela é sempre um intelecto *em busca*; isto significa que o dado exige que a razão se separe e se ponha a caminho rumo ao desconhecido. Essa fase não acrescenta conteúdo algum à descrição do dado, mas o assume como rampa de lançamento, apropriando-se dele como um sistema de referência que proporcione um cânon pelo qual ela poderá avaliar a conquista do que se seguir. Vê-se então, claramente, que o resultado da pesquisa permanece definitivamente condicionado pelo sistema de referência de que parte.

A segunda fase é do distanciamento do dado. Como ainda aí se supera o dado, a sugestão não pode ser unívoca. E, como se penetre em terra desconhecida, não há caminho previamente traçado que facilite a marcha da razão; é preciso traçá-lo sozinho. Entre

---

[4] IR, p. 143.

as diferentes direções sugeridas, a razão deve escolher uma via concreta, que se revelará mais ou menos proveitosa, mas que, em todo caso, será limitada em relação à riqueza do real que ela busca. Essa escolha é um ato de liberdade, e Zubiri não teme afirmar que "a essência da razão é liberdade":[5] não que a razão escolha arbitrariamente seu caminho, mas no sentido de que "a realidade nos força a ser livres". A razão necessita de um método, de alguma coisa que não lhe seja externo, mas que se concretize de maneira intrínseca – de abrir um caminho para si caminhando. Certamente, não se trata de um caminho que não leve a parte alguma, mas de um caminho que se concretiza na elaboração de um esboço,[6] que é uma primeira visão provisória sobre o que poderia ser o fundamento sugerido pelo sistema de referência.

O esboço que se desenha no traçado da razão é uma criação livre, distante da atividade racional, mas que não se faz por acaso; um esboço só é visível se for "correto", isto é, se incidir sob as características do dado que serviu de sistema de referência. Por si, nem o caminho nem o esboço apresentam à busca da razão uma verdade plena, mas devem se situar num movimento de verdade aberto às exigências do dado.

Uma terceira fase encerra a marcha da razão. Uma vez elaborado o esboço, com todo o rigor e complexidade que exige o caso, uma vez respeitadas todas as exigências lógicas internas impostas pelo percurso racional, falta ainda o momento decisivo, que é de mostrar que a razão encontrou o que ela busca, que a exigência que lançou todos os processos se realiza. Isto exige uma prova que Zubiri denomina, de maneira precisa, *probación física de realidad*. Essa prova (probatória) não resulta de uma mera inspeção do esboço, nem da análise interna dos mecanismos racionais, mas exige orientar o esboço para o dado, atribuindo-lhe o lugar de um fundo sobre o qual o dado parece se perfilar: é o que significa *probación*. Um preconceito insistente da filosofia consiste em tornar autônomo o processo racional e acreditar que a prova é

---

[5] IR, p. 82.
[6] Aqui, deixo deliberadamente de lado o termo *esquema* (PFHR, p. 127-28), pois, comparado a trabalhos da maturidade, ele cria confusões; *esbozo* ("esboço") é o termo que Zubiri utiliza sistematicamente em IR.

uma demonstração, entendendo por isso um raciocínio por meio do qual a conclusão se impõe com necessidade absoluta, a partir das certezas oferecidas pelas premissas. Sem dúvida, esse caso raro pode se apresentar, mas mais vale dizer que, fora as possíveis exceções das ciências formais, a prova não é jamais uma demonstração – sem que isto afete em nada sua verdade. A verdade racional encontrada coincide, em maior ou menor medida, com as exigências do dado, mas não as esgota jamais. Isto significa que a coincidência tende, idealmente, a uma plena "adequação"; mas o que especifica a verdade é a *coincidência*, que pode sempre ser aperfeiçoada e revisada. Eis por que a verdade racional é sempre *histórica*, e seu objetivo próprio é razoável: "Essa articulação entre a opção e o racional possui um nome preciso: é o razoável (*lo razonable*)".[7] Tudo o que se pode e deve exigir de uma prova de via racional é mostrar que ela é razoável, mesmo que, por si só, ela não possa excluir outros caminhos: no caso frequente de um conflito entre diversos caminhos igualmente válidos, a prova deverá mostrar que uma é mais razoável do que a outra. Porém mais razoável em relação a quê? O objeto da razão não está dado e não chegará a sê-lo, tampouco, pois é impossível proporcionar uma prova direta de semelhante objeto; "mais razoável" significa o enriquecimento do real e da vida, que produz sua inserção como fundo do que é dado.

Fará sentido buscar o "razoável" da religião? Esse esquema pode se aplicar à análise da religião? Não há o menor motivo para crer que esse processo não interesse à religião, e não há a menor dúvida de que diz respeito a todas e cada uma das experiências humanas. Porém, se a religião é um dos componentes da experiência humana, esse esquema não só pode mas *deve* se aplicar a ela, pois a atitude contrária – composta por opções radicalmente fideístas – significaria uma amputação grave e arbitrária das possibilidades humanas. Não há nenhuma dúvida, tampouco, de que se aplica com todas as nuances requeridas pelas particularidades dos conteúdos da religião. No entanto, isto vale em todos os casos, pois o que resumimos é apenas um esquema que se concretiza moldando-se às particularidades dos diferentes conteúdos, não

---

[7] PFHR, p. 236.

podendo um conteúdo matemático ser o mesmo de um conteúdo artístico. Além disso, há diversos tipos de esboços e diferentes tipos de provas (probatórias), mas este é um tema sobre o qual não nos estenderemos.

Dito isto, tudo indica que foram os conteúdos religiosos que forneceram, a Zubiri, a ocasião para explicitar pela primeira vez sua teoria da racionalidade. As fontes atualmente exploradas nos permitem afirmar que *El Problema Filosófico de la Historia de las Religiones* é o primeiro texto que apresenta uma elaboração sistemática da doutrina da razão que – ainda que necessitasse de especificações e complementos – pode ser considerada como definitiva, e que, em todo caso, é bem mais completa e sistemática do que o esboço de *Sobre a Essência*.[8] Além disso, seguindo as exigências do tema tratado, tem-se aí uma exposição das mais completas e mais bem articuladas de toda a produção de Zubiri sobre a dimensão *histórica* de toda verdade racional. Porém, por mais importante que isto seja para a busca zubiriana, é preciso evitar toda identificação entre o tema da religião e a teoria da racionalidade, como se esta tivesse sido pensada *ad hoc*, o que introduziria na análise uma petição de princípio: o recurso a outros textos de Zubiri permite afastar inteiramente essa suspeita.

A partir desse esquema geral, o tratamento que Zubiri reserva ao tema da religião parece bastante complexo. Partindo invariavelmente do fato da *religación*, ele desenvolve seus efeitos segundo três perspectivas. Em primeiro lugar, a análise do desenvolvimento racional, a fim de delimitar o conceito de Deus conforme a critérios de racionalidade teórica; é o que desenvolve *El Hombre y Dios*. Depois, em segundo lugar, a análise da religião como advento da realidade divina no todo da experiência da humanidade: é o tema de *El Problema de la Historia de las*

---

[8] O que falta nesses escritos, em contrapartida, é uma doutrina sistemática do *logos*. Zubiri prossegue tomando a apreensão primordial e o logos de maneira unitária, para contrapô-los à "ulterioridade" da razão, ainda que *Dios, Hombre, Cristianismo*, que começa precisamente por uma análise do discurso "teo-lógico", tivesse fornecido uma excelente ocasião para fazê-lo. Talvez algo do que seria futuramente sistematizado fosse indicado pelo conceito de *logos ostensivo*.
Dios, Hombre, Cristianismo é um texto inédito, que pude consultar graças à gentileza da Fundación X. Zubiri.

Religiones, cujo problema central é a realização das exigências da *religación* por meio das religiões. Enfim, em terceira perspectiva, a compreensão do cristianismo como religião concreta que responde de maneira diferente das outras às exigências da *religación*: é o tema de *Dios, Hombre, Cristianismo*, ainda inédito.

Pode-se admitir que, às relações internas entre as partes que formam esse tríptico, correspondem três fases sucessivas, cada uma delas pressupondo a precedente. É o que parece afirmar Zubiri: "Esses três momentos constituem o desenvolvimento unitário de um mesmo e único movimento, no qual cada estágio se funda no precedente e, por sua vez, o explicita: Deus, religião e cristianismo, inscritos na dimensão teologal do homem". Por outro lado, pode-se afirmar sem medo de errar que *El Hombre y Dios* vale como texto básico, no qual se elabora todo o âmbito teórico do tema; o estudo da religião não acrescentará nada de novo a esse âmbito, afora o fato de que o especificará a partir das características próprias das religiões, e algo similar ocorrerá no caso concreto do cristianismo, já preparado na parte III da obra anterior. Nós nos encontraríamos, portanto, diante de três círculos progressivamente concêntricos, capazes de especificar o conteúdo fundamental exigido pelo fato da *religación*.

À primeira vista, essa interpretação parece correta, com a condição de ver que essa sucessão não é cronológica, nem genética, mas estrutural. Certamente, uma análise mais rigorosa poderia levantar alguns problemas, cujo alcance os futuros pesquisadores terão de avaliar. O problema fundamental procede do fato de que Zubiri situa as três fases no campo da razão, o que não suscita nenhuma objeção. Isto poderia significar que cada fase assume as conquistas racionais da precedente como um novo sistema de referência, para dar início a novo périplo racional, o que certamente não é impossível, nem exclusivo da religião, uma vez que isto se produz todos os dias em todos os domínios do saber.

É aqui que não se pode esquecer o caráter constitutiva e insuperavelmente "provisório"[9] de toda verdade racional, precisamente devido à "livre criação" de seus conteúdos. Ora, poder-se-ia

---

[9] Cf. IR, p. 47.

deduzir que o caráter provisório aumenta e que o grau de coincidência verídica diminui à medida que as fases se sucedem, o que significaria que o grau mais elevado de verdade alcança o conceito racional de Deus, e que as demais fases, ainda que gerem realmente *verdade*, perderiam sucessivamente sua força. Duvido muito que Zubiri aceitasse essa conclusão, e que se possam encontrar indícios a esse respeito em seus escritos.

Será que Deus, religião e cristianismo são três vias distintas e sucessivas? Compreendê-los como *vias* racionais, será isso específico de Zubiri, e será isso o que lhes confere sua unidade sistemática? Trata-se de três vias distintas (ainda que ligadas entre si) ou será a mesma via sob três aspectos? Zubiri nega uma diferença qualquer entre o "Deus dos filósofos" e o Deus da religião, recusando a ruptura produzida por Pascal no *Memorial*: "O Deus das religiões é o Deus a que se tem acesso filosoficamente, na medida em que a filosofia não se restringe às noções gregas",[10] o que requer algumas explicações, pois o que está em jogo é precisamente o objetivo da filosofia nesse ponto: em caso algum fornecer um acesso humano a Deus que seja autossuficiente e coercivo para todo ser humano. Posto dessa maneira, o problema é insolúvel, mas não mais insolúvel do que um problema de física do átomo ou os conceitos da relatividade: o razoável na razão não pode pretender uma adequação perfeita, uma vez que "nenhuma verdade religiosa é, nem pode ser, totalmente adequada";[11] e, se semelhante exigência se mantivesse, a razão cairia no vazio. Vê-se, então, por exemplo, que Zubiri aceita integralmente a crítica kantiana da demonstração racionalista da existência de Deus.[12] A questão filosófica é outra: "Não pretendo (...) que a intelecção seja o primeiro caminho para chegar a Deus, mas (...) esse caminho jamais exclui uma dimensão intelectiva".[13] A via que Zubiri penosamente traçou não é em absoluto uma "demonstração":

---

[10] HD, p. 152.
[11] PFHR, p. 155.
[12] Cf. PFMO, p. 221.
[13] HD, p. 5. – Em outro lugar: "Não nos propomos a traçar um caminho por meio do qual uma pessoa alcance a Deus. Esses caminhos são infinitos. Não nos propomos senão à *justificação intelectiva* de todos esses caminhos e de todas essas questões" (HD, p. 266).

como via puramente racional, ela pode sempre apresentar dificuldades devidas à incomensurabilidade do que é buscado, e Zubiri surpreende o leitor, reconhecendo: "Não penso que a prova que aqui esbocei escape a essa lei, e, todavia, considero que ela é rigorosamente concludente".[14]

A solução não reside na via percorrida pelas religiões históricas, que implicam um número bem maior de fatores que o fator racional. Poderíamos nos referir, então, em primeira instância, à globalidade do ser humano, à qual são subordinadas as religiões, mas o resultado seria exatamente o mesmo: "Não há diferença alguma entre uma via humana e uma via metafísica na voz da consciência e sua remissão ao fundamento".[15] Afinal, o específico das religiões, e de cada religião, é o acesso a Deus que elas proporcionam.

O problema se complica quando se aborda o cristianismo. Esta abordagem supõe, em primeiro lugar, uma "prova" em favor do monoteísmo, no conjunto das religiões: a tese de Zubiri é que o monoteísmo encarna o núcleo de verdade contido em toda religião, seja ela panteísta, politeísta ou monoteísta: "O conteúdo estrito e formal das representações não monoteístas de Deus se apoia na realidade do Deus monoteísta".[16] Ainda que essa posição requeira algumas explicações, pois de maneira alguma ela se propõe a anular as religiões não monoteístas, ou a considerá-las como supérfluas, nós nos contentaremos em observar que ela não deve ser confundida com o "monoteísmo primitivo" proposto por W. Schmidt, da escola etnológica de Viena – posição que Zubiri considera como gratuita e inútil,[17] e menos ainda com a "religião natural" do deísmo, que Zubiri qualifica de "invenção fatídica",[18] como o "direito natural" moderno. Vista do interior da religião, e considerada em seu desenrolar histórico, a razão contém uma capacidade interna de afastar toda concepção de Deus que não seja monoteísta e personalista,[19] mas isto parece marcar igualmente

---

[14] HD, p. 267.
[15] PFHR, p. 304.
[16] PFHR, p. 149.
[17] Cf. PFHR, p. 148, 181-83.
[18] PFHR, p. 183.
[19] DHC, p. 27.

os limites de toda razão, incapaz, por princípio, de discernir entre as três grandes religiões monoteístas: "Diante desses três monoteísmos, não há evidentemente nenhuma razão especulativa para efetuar uma escolha. É simplesmente uma questão de fé".[20]

Qual o valor *filosófico* da opção cristã de Zubiri? A meu ver, simplesmente ela proporciona a prova (probatória) física (*probación física*) da realidade que emana do cristianismo como expressão da realidade de Deus. Não se pode aceitar o que é uma pretensão, frequentemente formulada, a uma preeminência histórica do cristianismo, pois, no melhor dos casos, trata-se bem mais de um problema por resolver do que de uma razão por invocar: a "transcendência histórica do cristianismo não é o que constitui a verdade cristã".[21] De um ponto de vista filosófico, a verdade cristã é a expressão concreta e plena da verdade do Deus monoteísta, que, por sua vez, é a expressão concreta e plena do conceito racional de Deus: ela obriga Zubiri a ver no judaísmo e no islã um núcleo de verdade que só se manifesta em plenitude no cristianismo, algo que só tem sentido caso se suponha realizado o ato de fé cristão.

Tudo isso não desemboca numa apologética cristã? Não é o que afirma Zubiri, que não aprecia nenhuma forma de apologia; elas são "legião no planeta" e escolhem sempre o "caminho fácil" – mas "jamais serviram para fazer progredir uma polegada que seja nenhum tema defendido dessa forma".[22] Exigiu-se com frequência dos teóricos da religião que eles adotassem uma atitude de espectadores imparciais, deixando de lado suas convicções pessoais. Ora, essa atitude positivista terá resultados funestos, pois a religião transforma integralmente o homem, e não é possível abordá-la como a um espetáculo sem privá-la de seus componentes mais decisivos: eis por que "não se trata de pensar *sobre* uma situação religiosa, mas *a partir* de uma situação religiosa".[23] Está claro que a posição de Zubiri não pode ser partilhada por um judeu ou um muçulmano, e que ele não pretende isto; assim como ele não lhes pede que se tornem cristãos para ter acesso

---

[20] PFHR, p. 230.
[21] PFHR, p. 336.
[22] PFHR, p. 193.
[23] PFHR, p. 126.

à plenitude de sua fé monoteísta, pois eles não podem atingi-la senão sendo plenamente judeus ou muçulmanos. E trata-se ainda menos de criar uma plataforma comum – uma espécie de esperanto dos monoteísmos – que relegasse a segundo plano as diferenças,[24] pois isto tenderia a um sincretismo que eliminaria a verdade de cada uma das religiões monoteístas. Zubiri é alérgico a toda forma de sincretismo – tanto em filosofia como em religião –, pois isto sempre representa uma via de fraqueza que inicia um processo de degenerescência interna.[25] Não parece fácil, portanto, assimilar a via do cristianismo à de Deus ou da religião.

Tudo isso conduz a colocar uma questão incontornável: que tipo de discurso Zubiri mantém quando fala do cristianismo? Não parece que se trate de um discurso propriamente teológico, não só porque seu núcleo é a utilização de conceitos filosóficos para explicar certos pontos fundamentais da revelação (o que fazem igualmente os teólogos), mas ainda porque esses pontos de revelação são tomados como outros tantos conteúdos para concretizar e explicar conceitos filosóficos, da mesma maneira que os dados da história das religiões concretizam e explicam a via racional que concretiza a religião. Nesse sentido, não se está diante de uma "teologia zubiriana", mas diante da aplicação de certos conceitos da "filosofia zubiriana" a problemas teológicos, cuja verdade, porém, será fundamentalmente filosófica. Com efeito, se seu estudo sobre o cristianismo abrange cinco capítulos – 1) o acesso a Deus mediante Cristo, 2) a Trindade, 3) a Criação, 4) a realidade de Cristo, 5) a Igreja –, essa estrutura é clássica em Dogmática. Porém – como bem o mostrou Diego García – a conceitualização zubiriana dos dogmas evoluirá de maneira rigorosamente paralela às evoluções de sua filosofia. É visível que Zubiri admite que seu discurso não é teológico, mas *teologal*, e que sua verdade não depende dos êxitos ou fracassos de sua aplicação à teologia.

---

[24] Parece-me que a posição de Zubiri é bastante diferente da que se depreende do último livro de Hans Küng: *Le Judaïsme, Passé, Présent et Avenir* [O Judaísmo, Passado, Presente e Futuro]. Isto não surpreende absolutamente, haja vista que a posição defendida em HD é igualmente muito diferente da apresentada por Hans Küng em *Dieu Existe-t-il? Une Réponse au Problème de Dieu dans Notre Temps* [Deus Existe? Uma Resposta ao Problema de Deus em Nossos Dias].

[25] PFHR, p. 170-74, 264.

Pode ser, contudo, que isto não seja tudo. O discurso teológico não parte e não se alimenta de si mesmo? Zubiri não pensa assim, por uma razão tão simples quanto aquela que pretende que o "logos" teológico é um logos humano, e que apresenta, por conseguinte, os elementos e as condições de todo logos humano. O discurso teológico, em qualquer variante que seja (querigmático, epidíctico, especulativo, histórico e hermenêutico), deve sua inteligibilidade, explícita ou implicitamente, a alguma conceitualização do que transcende o dado, ou seja, de uma metafísica.

> Não ter nenhuma metafísica *determinada* na base da teologia significaria que a teologia científica pode existir sem nenhuma metafísica, que a teologia especulativa é simplesmente super--rogatória? Pois uma coisa é afirmar que as mesmas verdades dogmáticas e teológicas podem ser pensadas segundo vários sistemas metafísicos, e outra afirmar que é possível pensá-las sem nenhum sistema.[26]

Se a metafísica de Zubiri inova em relação às metafísicas do passado, na medida em que a teologia se baseou, de alguma maneira, nessas metafísicas, a inovação de Zubiri poderia (ou *deveria*?) representar uma inovação teológica,[27] posta à margem dos estudos concretos do filósofo. Não dissimulo que esse caso concreto tem por trás um problema histórico e doutrinal muito complexo, relativo à atitude do cristianismo (neste caso, do catolicismo) em face do conjunto da cultura.

Isto mostra claramente que a coluna vertebral que sustenta essa complexa articulação não é outra senão a dimensão metafísica aberta a partir da *religación*, e é a isto que a construção zubiriana deve sua solidez; sem essa coluna vertebral, os trabalhos de Zubiri não ultrapassariam o nível de sugestões mais ou menos brilhantes e de interessantes reflexões pessoais. Mais de um comentador julga essa exigência metafísica excessiva e arriscada, e

---

[26] DHC, p. 12.
[27] É o ponto de vista defendido por A. Gonzales em *La Novedad Teológica de la Filosofia de Zubiri* (Madri, Fundación X. Zubiri, 1993), estudo muito importante, não só pelo que afirma, mas sobretudo pelas discussões que suscita, que exigiriam que esse aspecto do pensamento de Zubiri fosse analisado segundo uma perspectiva ainda inexplorada.

preferiria escolher para coluna vertebral a análise antropológica do ser humano. Porém o estudo do homem exigido por Zubiri, com seu núcleo metafísico (a pessoa), é inacessível a um pensamento descritivo mais fraco, como se vê, pois só poderia resultar disso uma metafísica e uma teologia igualmente frágeis.

Chegados a esse ponto, vemos que a unidade sistemática a que aludíamos não procede da identidade perfeita das três vias: Deus, religião e cristianismo. Porém o esquema geral da razão que eu esboçava acima indica também que a via não é jamais o passo definitivo. A verdade racional que se busca está suspensa da prova, e neste caso a prova é a fé, esse ato exigido da mesma maneira pela via racional de Deus, pela via humana da *religación* e pela via revelada do cristianismo. Não se trata de três atos de fé sucessivos e superpostos, o que não teria rigorosamente sentido algum, pois cada ato de fé é sempre um ato de alcance total; o ato de fé em que desemboca cada uma das vias é um só ato. Quanto às vias, elas são distintas, mas não independentes, uma vez que se trata de linhas que convergem para um ponto comum e para o mesmo Deus em filosofia, em religião e no cristianismo. As diferenças entre as vias não são imperfeições, são necessárias, pois a realização do fundamento que se opera a cada vez não esgota a exigência que deu início à busca, nem no indivíduo, nem no conjunto da humanidade, nem na história da Igreja.

O problema central, contudo, reside na verdade racional do ato de fé, na medida em que ele se apresenta como realização da exigência metafísica de fundamentalidade. Aplicaremos brevemente o esquema anterior a nosso tema.

2. A verdade da fé

O sistema de referência

Dado que a marcha da razão apresenta um caráter de busca, o sistema de referência que a põe em movimento é decisivo para saber em que meio ela se desenvolverá. Dissemos anteriormente que o sistema de referência não acrescenta nenhum novo conteúdo ao que já é conhecido, mas que ele explicita as exigências concretas que a razão deve cumprir. Eis por que não se trata de retornar à *religación*, sendo indispensável especificar as exigências que ela impõe à razão: é da *religación* que depende toda a análise zubiriana. É certo que, para Zubiri, a *religación* é um fato; porém uma coisa é o fato, outra a descrição desse fato; e, se o primeiro é invariável, a análise do fato apresenta variações que talvez não sejam unicamente nuances.

Tomemos a forma particular de realidade que é a pessoa e façamos abstração dos pontos duvidosos – e não dos menores – que seria preciso elucidar. Zubiri vê na pessoa uma *essência* aberta em face das outras essências cósmicas, que são *fechadas*. O que isto significa? Significa que a realidade da pessoa não se limita às notas que ela carrega necessariamente, mas que só essas notas configuram um sistema aberto. "Aberto" a quê? A outras coisas e a outras pessoas, mas, fundamentalmente, à realidade que é ela mesma; só a pessoa é um real se realizando; somente ela é uma pessoa que se personaliza (ou se despersonaliza), sem dúvida por meio de uma apropriação das possibilidades que ela encontra.

Esse processo de apropriação consiste em uma atualização da realidade enquanto *sua própria* realidade, e "própria" excetua a pessoa do restante da realidade, converte-a em alguma coisa "absoluta", mas somente de maneira "relativa", pois a realidade que constitui a pessoa sempre excede sua realização de fato. Assim, a pessoa não é uma realidade radical. Ela se enraíza num fundamento que não aparece com seu ser de fato, mas que funda seu modo de ser. Não é a pessoa que põe esse fundamento; ele se impõe a ela superando-a e fazendo-a ser ao mesmo tempo. Não há outra realidade, longínqua ou separada, e, todavia, ela não se limita à realidade atual da pessoa; ela a larga em um novo ambiente para que busque um caminho que lhe permita apropriar-se dele, realizando-o.

Isto explica que a pessoa apareça na realidade sob aspectos difratados, que, no entanto, manifestam uma mesma realidade. Zubiri sempre admitiu que a realidade se apresenta sob os três "prismas" da realidade nua, da potência e da força; entretanto, ainda que esses três prismas sejam inseparáveis, e que cada um chame os dois outros, o pensamento e a cultura são levados a privilegiar um ou outro aspecto, que na prática tratarão como fatores isolados, limitando desse modo, gratuitamente, a riqueza da realidade. Assim, desde os gregos, "nosso saber, fincado na nua realidade, esqueceu penosamente os outros dois caracteres".[28] Em contrapartida, a realidade como potência se conservou em outros domínios: "É o que transparece, por exemplo, no saber e nas religiões não só das mentalidades primitivas, mas de certo modo até em mentalidades já 'desenvolvidas'". Por sua vez, a realidade como força, já presente no conceito grego de *physis*, reduziu-se, de fato, à concepção científica da "lei". Os trabalhos de Zubiri não estão isentos dessa unilateralidade, e se vê claramente que predomina neles a realidade nua ("de seu"). No entanto, essa parcialidade poderia dever-se a um modo de exposição, pois, se a realidade se atualiza na inteligência *senciente*, Zubiri procurou demonstrar que uma inteligência senciente ("realidade nua") deve comportar uma dimensão afetante ("potência") e uma vontade tendencial ("força"). Pelo mesmo motivo, como ele insistiu, a verdade não é somente uma "manifestação", mas deve ser igualmente uma "firmeza" e uma "paciência".

Já na análise da religião, Zubiri situa em primeiro plano a realidade como potência. A realidade aparece, então, como dominante em relação às notas concretas em que ela se manifesta, e, por sua vez, as coisas reais aparecem como efeitos dessa potência. Ora, Zubiri fala então da potência como de uma dimensão do sentido: "Enquanto possibilitante, a realidade última é o que chamei de coisa-sentido".[29] Parece difícil, porém, sustentar essa afirmação, pois, se a realidade, como potência, é o que torna possível que haja sentido, ela não pode ser, ela mesma, sentido; em caso contrário (o de uma potência-sentido), em todo sentido[30] a determinação de "potência" seria derivada e acarretaria uma redução a uma dimensão anterior, o que teria consequências nefastas para a religião; ela se inscreveria nessa linhagem de potência, mas não poderia jamais ser o termo de uma situação radical de *religación*. Quando a luz da *religación* esclarece a realidade como potência, vê-se que todas as

---

[28] SE, p. 511.
[29] PFHR, p. 56.
[30] Cf. A. Pintor-Ramos, *Realidad y Sentido*, p. 144-88.

coisas, e a pessoa, são manifestações limitadas de uma potência que se impõe a elas, potências e entidades de potência (*poderosidades*) visivelmente dominadas pela realidade que as supera. Zubiri a denomina *deidade*, forjando desse modo a expressão de fato da potência do real; é evidente que "a deidade não é Deus",[31] e, uma vez que pertence à esfera do dado, deve ser um "fato indubitável".[32] Eis por que "o ato pessoal de *religación* é pura e simplesmente a expressão da deidade".[33]

Esse ponto pede um breve comentário. A meu ver, a única razão pela qual Zubiri chama de "deidade" o conjunto das coisas consideradas do ponto de vista da potência é que isso permite identificar um traçado de experiência que nos introduz imediatamente no mundo da história das religiões. No entanto, isso contém o risco de prejulgar, mesmo terminologicamente, aquilo que se trata de demonstrar, e de tomar por justificada a experiência específica das diversas religiões relativa ao conjunto da realidade. Pessoalmente, penso que não se deve prejulgar essa experiência no âmbito dos fatos, pois isto poderia levar a deduzir unilateralmente que a religião só diz respeito à potência do real. Pelo mesmo motivo, considero preferível fazer abstração, nesse contexto, do termo "deidade"; ele pode vantajosamente ser substituído pelo de "potência do real". Isto não só em função das ressonâncias panteístas que pode ter tal termo, mas porque ele poderia dar a entender que o único projeto dotado de sentido seria buscar Deus como uma realização da deidade.[34] (...)

Ainda que Zubiri se explique pouco a respeito, não se deve esquecer que a realidade nua, que é potência, é também *força*. O que se denomina assim é o momento que exprime que as coisas são mantidas numa mesma relação, é precisamente seu caráter de transcendência (de transcender-para e ser-transcendido-por).[35] Mesmo que o filósofo insista em afirmar que "potência não é

---

[31] PFHR, p. 43.
[32] PFHR, p. 44.
[33] PFHR, p. 53.
[34] PFHR, p. 301.
[35] IS, p. 79-80

força",[36] nem sempre é fácil distingui-las. Uma potência sem força seria simplesmente um poder imposto que, longe de abrir um caminho de personalização por meio de sua apropriação, faria sentir aos seres sua dominação absoluta; da mesma maneira, uma força sem potência seria pura determinação de necessidade. Penso que a análise zubiriana da religião desenha tão nitidamente a linha da potência, que termina por deixar na sombra os outros componentes, mais particularmente a força, e que, desse modo, ela precisa ser completada por outras elaborações.

Essa tensão (*inquiescencia*) da pessoa em direção a uma realidade na qual ela *se encontra*, mas que *não é* em plenitude, dá forma à exigência de buscar o fundamento necessário a seu ser pessoal. É muito importante perceber que o que se deve buscar é um *fundamento*, e não um simples "objeto" mais absoluto que a pessoa. A diferença insuperável é que um objeto, por mais absoluto que seja, é alguma coisa que se coloca "em face da" pessoa como radicalmente outra; já o fundamento não é a pessoa mesma, mas se mantém nela, fundando-a, sustentando-a em seu ser e fazendo-a ser uma pessoa.

Podem-se encontrar numerosos objetos absolutos, que se podem chamar de "Deus",[37] ou não encontrar nenhum. Da mesma maneira, a disjunção fundamental reside na questão de saber se o sistema de referência exige uma "realidade-fundamento" ou uma "realidade-objeto" – algo que, finalmente, depende do conceito de pessoa. Como o pensamento grego não dispõe desse conceito, e dada sua influência decisiva sobre o restante da filosofia ocidental, a crítica de Zubiri se faz severa: "A teologia e a filosofia clássicas trataram Deus como a uma realidade-objeto: donde a impossibilidade de crer em um Deus demonstrado. Ora, isto é falso: Deus é realidade-fundamento".[38] Isto explica a crítica implacável das vias clássicas; não é o caráter discutível de

---

[36] Cf. IS, p. 60-62; PFHR, p. 42.

[37] A manutenção da identidade denominativa "Deus" não significa que o que é assim denominado seja sempre a mesma coisa. Zubiri insiste em afirmar que os cristãos medievais – Tomás de Aquino, por exemplo – identificaram o *Deus* cristão com o *theos* de Aristóteles, que são coisas bem diferentes; ver a brilhante análise em PFMO, p. 71-78.

[38] HD, p. 232-33.

seu ponto de partida que faz disso um problema insolúvel: é que elas desembocam em um "objeto".

A pessoa busca na realidade, assim, seu fundamento e – está bem claro – o de todas as outras coisas reais. Dado que essa pessoa é relativamente absoluta, o fundamento deve ser último; enquanto potência portadora de exigências de personalização, ele deve abrir para possibilidades; enquanto força de apropriação de possibilidades, deve fornecer impulsão. O sistema de referência pede uma especificação. Enquanto fundamento último, fornecedor de possibilidades e impulsões, nenhuma dessas três determinações poderia lhe faltar, pois isto representaria uma mutilação da experiência pessoal e uma distorção de todo o sistema de referência.[39]

Esse esquema de referência não é absolutamente uma construção arbitrária da pessoa, mas a inexorável experiência da realidade de toda pessoa. Zubiri a resume na expressão clássica "voz da consciência", mas, estritamente falando, seria preciso dizer a voz "das coisas na consciência":[40] uma voz que pode se acalmar ou ser falseada de numerosas maneiras, mas que não pode jamais desaparecer. Na pessoa, a realidade é dada como fundamentalidade, mas, enquanto dado, a fundamentalidade é um puro *enigma*,[41] e a realidade pessoal indica uma direção em que esse enigma pode ser enfrentado sem que haja o prejulgamento de uma solução ou de uma ocorrência de solução.

A via da "religación"

A via da *religacíon* é um esboço racional traçado em vista de resolver o enigma da realidade posta a distância do dado, e de buscar um conteúdo que possa corresponder à ideia de um fundamento último, fornecedor de possibilidades e impulsões. Não

---

[39] Em PFHR, em lugar de *impelente* [que fornece impulsão], encontra-se geralmente a expressão *imponente* (p. 42, 52, 61, 197, etc.). Em HD, encontra-se sistematicamente *impelente* (p. 84, 111, 130, 178, etc.). É evidente que *imponente* não significa a mesma coisa que *impelente*, e a diferença não é da ordem da nuance, mas mostra claramente a exclusividade que, no primeiro caso, a análise concede à potência.

[40] Cf. PFHR, p. 64-68, 72-73, 301-05; HD, p. 101-04.

[41] PFHR, p. 60, 62-63, 66.

esqueçamos que a via concreta não é determinada pelo esquema de referência, e que é a liberdade da razão que a configura de maneira concreta.

Toda via possível apresenta um primeiro componente estritamente intelectivo que, uma vez fixado o objetivo da busca, entra na competência da racionalidade e deve se conformar a critérios estritamente racionais. A isto nenhuma das religiões, nem mesmo o cristianismo, constitui exceção. Há outra coisa: muitos são os que incluem esse componente racional em um conjunto mais amplo de experiências, e que não se inquietam expressamente com isso, mas o supõem dado no interior de uma vida religiosa. Ora, sem esse componente racional, não seria possível distinguir nem identificar o que se busca, pois é a razão que nos abre o espaço em que podemos postular uma realidade tal como a realidade divina. A desconfiança, bastante frequente, em relação a esse componente racional representa, na maioria dos casos, um protesto unilateral contra as tentações de tornar esse componente absoluto. Essa atitude, todavia, é inaceitável, não em função do caráter particular da realidade divina, mas devido à natureza mesma de todo percurso racional, à margem da zona do real em que evolui. A via racional é uma passagem forçada, pois esse avanço no interior de seu próprio problema é o fundo enigmático de toda realidade.

Só há uma maneira, característica de nossa época, de esquivar-se a essa necessidade: afirmar que o problema não existe: "O homem atual se caracteriza menos por uma ideia de Deus positiva (teísta) ou negativa (ateia) ou agnóstica, do que por uma atitude mais radical, que consiste em negar que exista um verdadeiro problema de Deus".[42] A consequência, no domínio religioso, não é tanto uma forma particular de ateísmo, mas antes um *indiferentismo*. Essa posição, que permanece à margem do domínio religioso, explica-se por uma atitude diante da vida como um todo em que só conta a zona de segurança do dado, e que evita tudo o que constitui problema, devido ao risco envolvido e ao esforço que isso poderia custar. Acalma-se a voz da consciência entregando-se a reflexões efêmeras que a ensurdecem, e entrega-se a algo que

---

[42] HD, p. 11-12.

Pascal chamava de "distração" [*divertissement*]. Semelhante atitude é da mesma natureza daquela que, diante do fenômeno físico da luz, se contentasse em observar as aparências paradoxais, mas não estivesse disposta a correr o risco de buscar o fundamento, como o fazem a teoria dos fótons ou a teoria ondulatória.

Uma vez superada essa atitude, a via abre para o perfil de um esboço concreto. O que buscamos é o conteúdo de realidade que configuraria esse fundamento último, fornecedor de possibilidades e impulsões. Se o chamamos pelo nome de "Deus", nós nos propomos a descobrir uma forma real no interior da realidade que de alguma maneira é diferente das outras formas de realidade a que temos acesso. Não saímos da realidade, mas tentamos delimitar uma de suas dimensões dadas: "A prova não é tanto que Deus existe, mas que alguma coisa que existe é realmente Deus".[43] Eis por que não se pode exigir nem esperar da razão que ela saia do mundo, o que é impossível, uma vez que está fora de suas capacidades: "O problema de Deus não é explorar alguma coisa que existisse fora do mundo, mas alguma coisa que está precisamente na realidade que nos cerca, em minha realidade pessoal".[44]

À primeira vista, muitas concepções filosóficas, religiosas e teológicas propõem um esboço diferente. Obedece-se à exigência de fundamentalidade recorrendo ao esboço de um objeto totalmente heterogêneo, que se situaria numa dimensão estranha ao mundo, numa transcendência que corta todo vínculo de comunicação com a natureza da imanência; fala-se então desse Deus como do "inteiramente outro", de uma "transcendência" sem relação com o mundo. Quanto a este ponto, Zubiri critica alguns grandes teólogos do protestantismo contemporâneo, "que romperam todo fio que liga a fé à realidade".[45] Contudo, isto não parece satisfatório para a razão, nem para o conjunto da experiência humana. A razão só pode se desenvolver se dispuser de fatos, que não podem deixar de ser intramundanos; e, se for verdade que a metafísica é o estudo da transcendentalidade do dado, essa transcendentalidade se situa no interior do dado, e só é possível uma "metafísica

---

[43] HD, p. 230.
[44] HD, p. 111.
[45] DHC, p. 52.

intramundana",[46] que não pressupõe que o fundamento último, uma vez atingido, seja em seguida reduzido à sua dimensão intramundana. Sem isso Deus não seria acessível de maneira alguma, seria um puro termo nominal, e o que se predica d'Ele teria a mesma realidade que aquilo que um homem poderia afirmar hoje sobre eventuais habitantes da galáxia de Andrômeda. O sentido das doutrinas que recuam de tal forma da transcendência deve ser outro: se admitimos um Deus acessível, Este é compreendido de uma maneira possível entre outras, que será preciso analisar no interior do teísmo.

O esboço de Deus é sempre problemático, pois, tratando-se precisamente de um fundamento radicalmente último, busca-se algo mais profundo que os outros fundamentos parciais. Do mesmo modo, o esboço pode se concretizar segundo três hipóteses.

Na primeira, [o sujeito] se revela incapaz de qualquer discernimento racional, diante do grande número de pistas que ele deveria seguir: sugestões contraditórias que, em vez de esclarecer o enigma, desembocam na *enigmática* como última palavra. Toda espécie de decisão relativa ao conteúdo do fundamento, portanto, fica suspensa. É o *agnosticismo*, atitude que teve, nestes últimos tempos, amplíssima difusão. O agnóstico não nega o problema que chamamos de "Deus", nem tampouco a necessidade de esboçar uma via de resposta; o que ocorre é que essa via cai no vazio, e que a tentativa de alcançar o fundamento fracassa.

Outra possibilidade vai além. [O sujeito] constrói seu esboço de fundamento, mas pensa que seu conteúdo se dá adequadamente no conjunto da facticidade, e julga inútil atribuir-lhe uma forma de realidade que lhe seja própria, como propõe o teísta. É a estrutura racional do *ateísmo*. "O ateísmo é a interpretação do ser relativamente absoluto como facticidade autossuficiente".[47] O ateu não recusa o problema de Deus, nem suspende sua solução racional; simplesmente, essa solução lhe parece negativa. O ateu, por conseguinte, não seria aquele que *nega* a existência de

---

[46] SE, p. 210.
[47] HD, p. 285.

Deus, mas aquele que *afirma* que Deus *não* existe, o que é uma afirmação que é tão racional e arriscada quanto a do teísta. Desse modo, Zubiri fala de "fé do ateu",[48] uma vez que ele não renuncia a submeter seu esboço à prova. Contudo, Zubiri se dá conta de que o termo "ateu" possui, e possuiu ao longo de toda a história, numerosas significações, e que é duvidoso que todas correspondam a essa definição. De qualquer modo, seria preciso chamar a atenção para um filão talvez fecundo para a pesquisa. Parece que a polêmica destrutiva em torno do ateísmo levou a esquecer que este só possui sentido se aceitarmos previamente que existe um problema "Deus": ora, se a história do ateísmo se escreveu de forma monolítica, enrijecendo-se em tipos de argumentos explícitos (antropológicos, sociológicos, psicológicos, etc.), talvez tenha perdido de vista que o ateísmo se alimenta em diversas fontes, e que, se há uma fonte antiteísta e antirreligiosa, é possível que haja outra, que pertence ao domínio da religião, ou mesmo da teologia.

A terceira possibilidade, evidentemente, é a posição teísta. O esboço teísta afirma que Deus é o fundamento último, que fornece possibilidades e impulsões. Deus é o transcendente: ele transcende não as coisas, mas nas coisas, isto é, ele é aquele que é *nelas*, não ao modo da ausência ou da simples presença, mas fundando-as. Como diz Zubiri, "não é uma transcendência de distanciamento, mas uma transcendência de proximidade".[49]

Deus se descobre como a fundamentalidade que dá realidade ao real, e essa fundamentalidade é essencialmente doação da parte de Deus, doação de realidade às coisas, doação específica de "suidade" (*suidad*) aos seres pessoais. Como se verá, existem numerosas formas de teísmo, mas a historicidade da razão sobre esse ponto permite conceber concretamente Deus como a Realidade pessoal absolutamente absoluta, que é Vida absoluta, dotada de inteligência e de vontade.

O que as religiões históricas acrescentam a essa via racional? Tudo depende de como se compreende o específico das religiões, o que suscitou numerosas teorias. Zubiri analisa algumas das mais

---

[48] HD, p. 284.
[49] PFHR, p. 226.

conhecidas, mas isto não nos importa aqui, pois é um tema próprio da filosofia e da ciência da religião. Suas análises desembocam invariavelmente na mesma conclusão: o específico religioso das religiões é um esboço concreto da divindade, que toma forma numa doutrina da integridade do real. O que unifica as diversas religiões é que elas oferecem acesso concreto à divindade; o que as distingue é a representação concretas que elas se fazem dessa divindade. Eis por que as religiões não acrescentam grande coisa à filosofia do ponto de vista dos conteúdos racionais: o que elas fazem é conformá-las a uma configuração integral da experiência, que exige um "corpo" objetivo em que cada religião aparece como "nossa religião"[50] e que sempre compreende uma "cosmo-teologia", uma "eclesiologia" e uma "escatologia",[51] que funcionam de algum modo como outras tantas expressões do fundamento em seu caráter último, fornecedor de possibilidades e impulsões, e igualmente como outras tantas respostas às três questões preocupantes: De onde venho? O que sou? Para onde vou?

As religiões não são estranhas ao caráter insondável do enigma da realidade: assim, a forma dada à divindade numa religião concreta é um assunto complexo, uma vez que entram em jogo todos os aspectos da vida. Além disso, essa formação não só *possui* uma história, mas *é* uma história; isto significa que faz intervir a apropriação de possibilidades sempre abertas, enraizadas no dinamismo do real. Há, sem dúvida, uma pluralidade de religiões, mas as religiões formam uma única história pelo fato de que elas fornecem uma forma concreta à via religiosa. É preciso, portanto, em cada caso particular, perguntar-se se nos encontramos diante de uma religião verdadeira (isto é, se sua formação corresponde às exigências com que o fundamento se anuncia no fato da *religación*). Com efeito, a história não é estranha à verdade, mas é, pelo contrário, o meio para enriquecer esse encontro em que consiste toda verdade racional. No interior da vida racional se desenham novamente três perspectivas.

A primeira se assinala pela dispersão; os múltiplos aspectos concretos que apresenta a potência do real – Zubiri enumera

---

[50] PFHR, p. 122.
[51] PFHR, p. 56-57.

quinze[52] – se concretizam em entidades divinas distintas, e não justapostas, sem configurar sistema organizado. "Há sempre acima do conjunto dos deuses um deus supremo."[53] Falamos então de *politeísmo*.

A segunda perspectiva caminha no sentido da imanência, e situa a potência na totalidade do real, compreendendo-a como a Lei imanente do cosmos. Falamos então de *panteísmo*: de religiões panteístas, mas não diretamente do panteísmo segundo a concepção filosófica de Deus; um panteísmo filosófico que Zubiri critica em outro lugar,[54] e que corresponde à via filosófica [e não religiosa].

A terceira perspectiva é a da transcendência, que reúne na unidade de um ser único as características do fundamento do real. Falaremos então de *monoteísmo*.

O que se deduz, em primeiro lugar, é a pluralidade das religiões, o que certamente é um fato, mas não um fato de peso: "Efetivamente, as religiões são muitas, mas não são semeadas ao vento sobre a terra".[55] Essa pluralidade corresponde às possibilidades reais que possui a humanidade de ter acesso a Deus por diferentes caminhos: cada uma delas toma forma numa religião que é verdadeira na medida em que constitui um acesso efetivo a Deus. Isto não significa, contudo, que sejam equivalentes e intercambiáveis; a confrontação do esboço com o sistema de referência permite a atividade racional, bem como a histórica, de rejeitar esboços imperfeitos: neste caso concreto, como se viu, os politeísmos e panteísmos, que perdem vigor à medida que progride o trabalho sobre o esboço.

---

[52] Não se deve certamente atribuir a isto um valor definitivo. Isto depende dos dados da história das religiões utilizados por Zubiri. Seria útil examinar aqui suas fontes implícitas. No que concerne à história geral das religiões, Zubiri exprime sua admiração por Mircea Eliade, deixando de lado algumas diferenças teóricas. No que concerne à religião judaica e cristã, suas fontes são exegéticas, sem dúvida, de origem essencialmente francesa. Seria preciso examinar este ponto em detalhe.

[53] PFHR, p. 137.

[54] O panteísmo filosófico que Zubiri atribui, por exemplo, a Hegel (PFMO, p. 316-18), e que, apesar de algumas dificuldades entre os intérpretes, ele critica sem restrição como posição filosófica (cf. HD, p. 175-76, 311), não assume necessariamente a forma de uma religião, nem é necessariamente o substrato implícito das religiões panteístas.

[55] PFHR, p. 116.

Todavia, não se trata somente de uma pluralidade de fato. Trata-se de uma pluralidade constitutivamente *histórica*, o que não significa diretamente que as religiões percorreram uma história e que em determinado momento de seu destino elas se encontraram diante de várias alternativas. Se, em determinado momento, só tivesse havido uma religião, esta *seria* igualmente histórica, pois uma religião é sempre a realização de uma possibilidade de acesso a Deus. Essa realização ilumina uma nova riqueza do fundamento real, que, por sua vez, abre a novas possibilidades. Suas raízes profundas residem, certamente, nessa forma particular da realidade que é, ela mesma, constitutivamente histórica, e sem a qual não existiriam as formações de conteúdo racional, nem as religiões. A história das religiões não é simplesmente a descrição de uma multidão desordenada e dispersa de religiões, cada uma procurando suplantar as outras; essa história é uma penetração, e sua unidade reside na tentativa de cada religião de fornecer acesso à divindade, ainda que nem todas se situem no mesmo nível histórico. A historicidade das religiões é um tema imenso, e Zubiri insiste na urgência de uma "teologia cristã da história das religiões";[56] aqui, só podemos indicá-lo.

Se passamos agora à esfera da religião cristã, o que é preciso determinar é o específico do cristianismo como via de acesso a Deus. Para abreviarmos, fazemos abstração das outras formas de monoteísmo. O cristianismo é, em primeiro lugar, uma religião histórica, como o é toda religião; mas, além disso, ela é *formalmente histórica*, pois compreende a história como a dimensão própria da revelação de Deus, e faz da história, assim, uma história da personalização salvacionista. O específico do cristianismo como religião é seu acesso a Deus, e esse acesso é a incorporação real de Deus à história em Jesus Cristo. Cristo, realmente homem e realmente Deus, é o acesso cristão a Deus: acesso que culmina no dom de Deus como Amor pleno, uma graça que São Paulo (1 Coríntios 1,22-23) apresenta a seu círculo como "escândalo para os judeus e loucura para os gentios": o mistério de Cristo crucificado. Essa incorporação abre novas possibilidades no interior da história, que obrigam a empreender toda uma série de ramos (história

---

[56] PFHR, p. 324.

da Igreja, da teologia, dos dogmas) sem que haja nenhum motivo para pensar que essa história esteja fechada e possa ser terminada, a não ser escatologicamente.

Toda a riqueza dessas vias, contudo, não deve nos fazer esquecer que elas não passam de elaboração de esboços, apesar de tudo provisórios, relacionados ao momento crucial da prova que, neste caso, é o ato de fé.

A *prova*

Recordemo-nos de que a prova de que necessitam os esboços racionais não é, na maior parte dos casos, uma simples demonstração por acúmulo de raciocínios. Sem dúvida, as provas devem satisfazer a condições "lógicas", mas o essencial é o "encontrar" daquilo que se busca, e esse encontrar significa que nos apropriamos do esboço e o assumimos como o fundo sobre o qual o dado pode exibir-se. A prova é a "(a)provação" da realidade, na qual o esboço é tomado como fundamento do dado. Dito isto, parece claro que o esboço de um fundamento último, que fornece a meu ser pessoal possibilidade e impulso, apresenta exigências tão particulares quanto o próprio esboço.

Se o que estiver em questão for a integridade do ser pessoal, a prova não produz uma simples convicção racional, como, por exemplo, no caso da teoria dos fótons. Porém, se se tratar da prova de uma realidade pessoal, ela deve, pelo menos, possuir um componente racional que não só não pode ser ocultado, mas possui um perfil determinante, pois abre o espaço que torna possível as outras dimensões. O que equivale a dizer que toda prova deve manifestar o caráter *razoável* do fundamento. A verdade da prova consiste em *encontrar* na via racional o fundamento exigido pelo sistema de referência.

O caráter razoável de Deus não se prova somente pela conformidade entre Deus e o sistema de referência (fundamento último, fornecedor de possibilidades e de impulsos). O fundamento é atualizado na realidade pessoal como sendo seu último suporte, como sendo a força que torna possível a personalização e que dá ímpeto a esse processo. Não é, todavia, um fundamento que dê propulsão ao dinamismo pessoal. Ele precisa ser apropriado como o componente intrínseco do eu, como o que faz ser. Não se trata, portanto, de uma simples convicção pessoal; ela interessa à totalidade da pessoa. Esse ato integral é a *fé*, um ato que se especifica como *abandono* total em resposta ao dom de realidade que é Deus. Zubiri não admite que a fé se especifique mediante um gênero de força que provocasse o assentimento, e critica duramente toda concepção da fé que se baseie numa força pretensamente mais imediata do que a razão: a ideia difundida da "fé cega" e da "fé do carvoeiro" acaba por condenar o ato de fé a uma irracionalidade que negligencia as melhores possibilidades de personalização. O conteúdo da fé não é diferente do da razão; eis por que "Deus" deve designar a mesma realidade na via racional e na vida religiosa. O específico da fé é outra coisa: "A fé é, em primeiro lugar e de maneira radical, o abandono de minha pessoa a uma realidade pessoal, a outra pessoa".[57] Esse abandono, tratando-se de pessoas, é mais que o assentimento à verdade do julgamento, ainda que sempre compreenda um momento de verdade: "A fé é um fenômeno unitário; é um visar que envolve, intrínseca e formalmente, um crer, ou um crer que é um momento intrínseco e constitutivo do visar".[58] Tratando-se de Deus, essa fé penetra toda a vida pessoal, e abre uma possibilidade radical de personalização, à luz do fundamento, uma possibilidade que se concretiza como submissão, prece e refúgio em Deus; uma possibilidade graças à qual a vida humana é uma "experiência de Deus", e na qual o homem aparece como "uma maneira finita de ser Deus".[59]

As religiões concretizam o ato de fé no interior da experiência humana, buscando situar a vida dos homens na luz de Deus, o que depende do conceito de divindade tal como ele se forma em toda religião. Porém existem numerosas vias de acesso possíveis à divindade. Certas religiões destacam este ou aquele aspecto, e então as vias de personalização serão diferentes. Não se trata, contudo, de algo caótico: a experiência pessoal não se limita jamais a uma experiência individual, mas é igualmente – e de maneira

---

[57] HD, p. 210.
[58] HD, p. 213.
[59] HD, p. 327.

constitutiva – social e histórica. Com efeito, a (a)provação de um esboço admite diversos tipos de provas, segundo os tipos de esboços; Zubiri enumera quatro tipos de provas: a experiência, a aprovação, a compenetração e a conformação.[60] Ainda que essa classificação pareça unicamente tipológica e indicativa, é possível se perguntar a que tipo de prova pertence a fé religiosa; se afastarmos as duas primeiras como não correspondendo a um esboço como o da divindade, o que Zubiri chama de "compenetração" é da ordem de uma experiência interior entre realidades heterogêneas (por exemplo, a vida humana e a vida animal), ao passo que a "conformação" é própria das realidades pessoais em sua inserção no fundamento, como componente da vida pessoal: "Em última instância, não há mais que uma única provação física desta inserção: tentar conduzir-me intimamente conforme o esboçado".[61] Mas Zubiri nota, logo em seguida, a extrema dificuldade dessa operação.

À luz do que acabamos de afirmar, não resta dúvida de que o gênero de prova próprio à fé é uma "conformação", um reconhecimento do ser pessoal em seu fundamento vivo, que exige conduzir a integralidade da vida em conformidade com o fundamento. E, no entanto, numerosas questões se colocam a respeito da fé, tal como tomou forma em várias religiões históricas: elas não parecem facilitar essas difíceis exigências; não seria preciso se ater a uma mais ou menos ampla "compenetração"? Há dois grupos de razões que explicam isso. O primeiro é que a conformação ocorre sempre entre realidades pessoais, e exige que se conceba o ser humano como uma pessoa, e igualmente a realidade divina como realidade pessoal. Ora, é evidente que isso está ausente de várias religiões e que, a essa luz, elas não aparecem como racionalmente "verdadeiras", e que seu acesso a Deus, que é real, segue uma via "des-viada". Ainda que a primeira exigência seja satisfeita, pode haver uma segunda que não é. Pode ser, com efeito, que se conceba a realidade humana como uma pessoa e a realidade divina como pessoal, mas que entre elas todo vínculo pessoal seja rompido, de modo que, de fato, a conformação seja impossível. Assim, certas

---

[60] Cf. IR, p. 198-206.
[61] IR, p. 205-06.

formas de monoteísmo judeu, como é hoje o caso de um monoteísmo radical como o de Lévinas, enfatizam de tal forma a "transcendência", que, finalmente, uma apropriação do fundamento não é possível sem que seja suspeita de idolatria.

Pode-se afirmar que o cristianismo é a religião que faz do ato de fé uma plena conformação pessoal a partir do fundamento?

A dupla natureza humana e divina na única pessoa de Cristo enquanto acesso real a Deus converte a prova do fundamento no núcleo mais íntimo da realização pessoal. Tal é, para Zubiri, o específico do cristianismo como religião: não se trata, em primeiro lugar, de uma religião de salvação, mas de uma apropriação do fundamento na vida pessoal, que exige o que São Paulo chama de *morphosis* integral da via – que Zubiri traduziu, primeiramente, pelo termo "deificação", depois, definitivamente, pelo termo "deiformidade": "O cristianismo é formalmente, segundo a expressão paulina, uma *morphosis*, uma conformação divina do homem como um todo, e, segundo minha interpretação, uma *deiformidade*. O cristianismo só é uma via de salvação na medida em que é uma deiformação".[62] A deiformação é o abandono que a fé cristã exige e propõe como guia da vida pessoal à luz do fundamento, o qual supõe, evidentemente, um dom especial de Deus enquanto amor: "Deus é amor (*ágape*)" (João 4, 8). Essa plenitude de dom permite uma plenitude de vida pessoal na deiformidade, que é a forma dada a uma conformação na intimidade pessoal, uma vez que Deus, apropriado como fundamento, é Ele mesmo o Caminho, a Verdade e a Vida (João 14, 6).

3. *Algumas questões abertas*

A questão pendente seria agora a do desenvolvimento concreto dessa deiformidade, de sua articulação numa teocosmologia, numa eclesiologia e numa escatologia. O discurso de Zubiri não quer ser positivamente "teológico", mas o que ele chama de *teologal*, isto é, o estudo da estrutura metafísica da pessoa enquanto ligada à divindade. A inclusão do cristianismo não altera,

---

[62] DHC, p. 4.

certamente, essa perspectiva básica, pois não se trata mais que de dar forma, concretamente, à dimensão teologal, salientando o específico da formação cristã. É aqui que seria preciso encontrar o fundamento da Revelação, e fazer de modo que o estudo positivo não rompesse jamais o vínculo que o une ao fundamento primeiro, a fim de evitar o risco não só de se desviar mas de cortar todos os laços com a racionalidade humana, e elaborar um discurso estranho à vida concreta do homem.

Outra questão que merece ser levantada diz respeito às possibilidades de constituir uma "epistemologia teológica". Como se sabe, o quadro medieval do saber ruiu de maneira irremediável no fim da Idade Média: no mundo moderno, constituiu-se um novo quadro, e uma nova concepção da ciência, em face da qual a teologia encontrou graves dificuldades, não só para se fazer reconhecer como ciência suprema, mas simplesmente para se fazer aceitar como "ciência". Certamente, esse quadro moderno igualmente naufragou, mas não parece que isso deva significar um retorno ao passado medieval, como pretendem certos nostálgicos. Zubiri propõe uma sólida teoria do conhecimento, que não é diretamente elaborada em função da teologia, no sentido de que o caráter científico do conhecimento não depende de determinado tipo de objetos, nem de um método exclusivo, mas do processo interno da racionalidade. Essa teoria vale tanto para um discurso teológico como, em sua ordem – com as mesmas possibilidades e limitações –, para a física e para a matemática. Zubiri partilha com numerosos filósofos pós-hegelianos a crítica firme a todo absolutismo da razão; isto não implica, contudo, a menor concessão a um "pensamento fraco", incapaz de apresentar alternativas sérias aos grandes problemas, e igualmente incapaz, como acreditava poder prometê-lo, de fazê-los desaparecer enquanto problemas.

6. Nota sobre a filosofia da religião[1]

Xavier Zubiri

Quando se fala de Filosofia da religião, tem-se a impressão de aflorar um tema obsoleto. E essa sensação do "já conhecido" é, na maior parte das vezes, veículo eficaz para mergulhar nas trevas o estrito conceito contido nas palavras. A expressão "Filosofia da religião" desperta na consciência de muitos leitores uma espécie de precipitado geral de pesquisas de história comparada, sociologia geral ou psicologia, ou seja, de estudos mais ou menos "positivos" dos chamados fenômenos religiosos. Desse modo, a filosofia da religião seria apenas resultado de induções mais ou menos extensas sobre os fatos religiosos.

Já não é permitido negar, da maneira que seja, todo o alcance dessas pesquisas; muito pelo contrário, é delas que devemos falar agora. Mas, ao considerá-las atentamente, percebe-se que o que elas contêm de verdadeiramente fecundo se encontra justamente nos resultados concretos concernentes às religiões positivas, mais

---

[1] Texto publicado no *Bulletin de l'Institut Catholique de Paris*, dezembro de 1937, p. 333-41. Não modificamos nada – exceto uma transliteração do grego – deste texto redigido em francês pelo próprio autor. Mesmo que seja circunstancial e anterior em quarenta anos aos trabalhos da maturidade, ele fornece um reflexo vivo das inspirações fundadoras e das intenções de pesquisa a que Zubiri permaneceu fiel. (N. O.)

que nos conceitos gerais que elas sugerem. É por isso que é não somente permitido mas necessário perguntar-se o que significa o adjetivo "filosófico" aplicado ao estudo dos fenômenos religiosos.

É claro, há algum tempo se espera judiciosamente que se elimine da pesquisa histórica e psicológica tudo o que se chamou, certa ou erradamente, de "especulação filosófica". É inadmissível, com efeito, que combinações de pensamentos venham ocupar o lugar reservado aos fatos que a realidade nos oferece, ou pode nos oferecer, mesmo no caso favorável em que estes coincidam efetivamente com aqueles. Mas, se é absurdo querer que o pensamento possa descobrir por si mesmo a realidade concreta sem recorrer aos fatos, não seria menos absurdo acreditar que a pesquisa positiva dos fatos possa se realizar fazendo abstração do que, provisoriamente, poderíamos chamar de "quadro intelectual", cuja função consiste em ser o sistema de balizamento para a percepção da realidade concreta.

Recordemos o que efetivamente aconteceu com a mais característica das ciências positivas, a Física. A Física como ciência positiva só foi possível depois dos longos séculos que aperfeiçoaram e determinaram o conceito do que deve ser uma realidade de ordem física. Foi somente quando se possuiu a ideia de um ser cósmico, dotado de propriedades permanentes e conexões estáveis de natureza matemática, foi somente então que a Física pôde caminhar num sentido positivo "no caminho real da ciência", segundo a expressão de Kant. O esquecimento a que tende facilmente o espírito humano diante da exuberância da folhagem e dos frutos foi capaz apenas de apagar, a nossos olhos, este fato obscuro e radical, a saber, que era preciso uma ontologia do modo físico para tornar possível a ciência física. A ontologia não tem a pretensão de formular leis físicas, nem de descobrir estruturas atômicas; mas sem a ideia de que existe uma "coisa material" dotada de permanência e de propriedades variáveis, sem a ideia de que existe uma conexão bem determinada e, por conseguinte, estável entre essas variações, não teria sido jamais possível descobrir quais são, de maneira concreta, essas coisas, suas variações e modalidades.

Se examinarmos, agora, o panorama das ciências do espírito, nosso pensamento imediato é o de compará-las às ciências da natureza. No primeiro momento, a comparação incidirá sobre os resultados obtidos nos dois grupos de ciências. E é preciso admitir que as ciências do espírito, a despeito de todas as suas imperfeições, não são menos ricas, no fundo, como quantidade de fatos estudados, que as ciências da natureza. Contudo, não seria possível negar que, sob a massa imponente de conhecimentos históricos, por exemplo, que possuímos hoje, um espírito dotado de sensibilidade sente, no fundo de si mesmo, certa inquietude. E talvez essa inquietude provenha do que, na ciência física, os fatos novos e as novas leis vêm se alojar num quadro intelectual bem determinado, graças ao qual é possível avançar metodicamente na pesquisa de fatos novos, ao passo que, por outro lado, nas ciências históricas, os fatos se acham simplesmente acumulados, talvez ordenados, às vezes até organizados, mas quase nunca situados numa ordem intelectual comparável à da Física. Em suma, o físico possui uma ideia bastante precisa da natureza, mas o historiador não possui uma ideia muito precisa do espírito. Não há uma ontologia do ser espiritual que possa se comparar, nem de longe, em riqueza de nuances de especificações, à ontologia do ser material que se encontra na base de nossa Física. Isto não se deve ao acaso; porém, sem entrar na grave questão de explicar esse fato, à primeira vista tão extraordinário, é preciso constatar, com lealdade, que a situação distinta em que se encontram as ciências do espírito em relação às ciências da natureza obedece, inicialmente, e de maneira fundamental, a essa ausência de um "quadro intelectual" prévio. Ora, a Física não chegou a possuir esse quadro, essa ontologia do ser material, por uma espécie de precipitado geral das pesquisas científicas; muito pelo contrário, é um fato que foi essa ontologia que forneceu a estas seu fundamento primeiro, não só no tempo, mas também *kata logon* e *kata physin*.[2] Do mesmo modo, tampouco seria possível esperar que a ideia do ser e do devir espiritual possa ser obtida mediante uma decantação dos fatos históricos ou psicológicos. Tocamos aqui uma questão bem antiga, a de descobrir, para além das coisas, o que constitui seu ser. Desde Aristóteles, o ser das coisas é aquilo por meio do qual elas possuem sua realidade

---

[2] Em caracteres gregos no original.

concreta, bem como aquilo por meio do qual podemos conhecê-las. Estudar, nas coisas, o que faz que elas sejam reais, e que elas sejam, de certo modo, mais reais de uma maneira que de outra, estudar a realidade enquanto tal *on he on, ens qua ens*, tal é o objeto da Filosofia. Poderíamos mesmo ter acreditado, em determinado momento, que o ser enquanto tal é o pensamento ou a consciência. Pouco importa; essa filosofia idealista, se quer ser realmente uma filosofia *stricto sensu* em todo o rigor e precisão do termo, deveria se situar neste ponto de vista do ser. Por mais forte razão, quando não se tem essa concepção idealista.

É claro que, quando se quiser fazer uma Filosofia do que se denominou "realidade espiritual", o adjetivo "filosófico", aplicado a esse estudo, significará que se considera essa realidade do ponto de vista do ser. Porém isto não significa, de modo algum, que a filosofia deva se entregar à pesquisa das formas concretas de cada uma dessas realidades espirituais. Neste último sentido, é perfeitamente justo, repito, eliminar esse espírito especulativo da ciência positiva, ou melhor, eliminar esses espírito *positivista* da filosofia "especulativa". Pois, no fundo, essa má especulação deseja atingir o positivo por si mesmo. No entanto, a filosofia tampouco pode prescindir dessa realidade positiva. Já Aristóteles, e com ele o melhor da filosofia da Idade Média, afirmava, contra Platão, que o ser não é uma abstração vazia e unívoca, senão que é transcendental, isto é, que cada realidade possui seu ser próprio. Por conseguinte, não é possível atingir o ser das coisas reais por meio de um jogo solitário de pensamentos vazios, mas pela apreensão efetiva de cada realidade concreta. O recurso à realidade, portanto, é tão necessário à filosofia quanto à ciência. Apenas, a filosofia recorre a ela de maneira diferente da ciência positiva. Não é este o lugar para especificar mais a distinção entre esses dois aspectos da apreensão do real.

Logo, a filosofia do espírito, por meio de um estudo atento das realidades concretas, limitar-se-á a elaborar a ideia do gênero de realidade que possui o espiritual. Dir-se-á, então, que isto não faz a história avançar, por exemplo; porém, por definição, a filosofia não se propõe a fazer avançar a história deste ou daquele país, este ou aquele fenômeno cultural ou vital. Apenas, se a filosofia não enriquece o conteúdo da história, torna possível a história enquanto ciência.

Desse modo, portanto, quando se trata de fenômenos religiosos, não deve surpreender que seu estudo tenha a mesma sorte que todas as outras pesquisas dessa ordem. No entanto, não é inútil especificar a situação. Para começar, não cabe a uma filosofia da religião decidir, da maneira que seja, em favor de qualquer religião determinada. Isto seria fazer Apologética ou Teologia. Mas é essencial, também, acrescentar que a filosofia da religião tampouco será um simples estudo comparativo dos fatos religiosos, tendo em vista obter de maneira indutiva conceitos gerais aplicáveis a um conjunto, mais ou menos extenso, desses fatos. A filosofia religiosa se limita a examinar a religião do ponto de vista do ser. Mas do ser em todas as suas dimensões. A realidade religiosa possui sua realidade própria, e jamais seria possível haver uma filosofia da religião que não se apoiasse sobre um estudo minucioso e concreto das religiões positivas, tais como elas se revelam a nossos olhos nos documentos, de uma riqueza surpreendente e sempre crescente.

Essas ideias são bem gastas, é preciso admitir. Porém a tarefa de especificá-las e de desenvolvê-las de maneira sistemática não é banal nem fácil.

Não é banal. É frequente mergulhar voluptuosamente no estudo concreto das religiões conhecidas, a fim de interpretar os textos e estabelecer as conexões. Não é tão frequente, contudo, lembrar-se, por exemplo, de que na origem do impulso orgânico que esses estudos receberam em meados do século XIX se encontra o nome de Hegel. E, especificando um pouco mais, a força de expansão e de atração que, *de fato*, possuiu a história crítica do Antigo e do Novo Testamento, dirigida contra a Igreja, ou elaborada fora da Igreja, se deveu, mais que ao conteúdo estritamente documental, a uma filosofia religiosa perfeitamente sistemática elaborada por Hegel, e continuada pela escola de Tübing. Por mais paradoxal que possa parecer, as formas aparentemente mais livres de "especulação" representadas pelos estudos "racionalistas" sobre a religião de Israel ou da Religião Neotestamentária têm em sua base, de maneira às vezes inconsciente, a filosofia de Hegel.

E isto não deve nos surpreender, pois é um caso particular de uma verdade bem mais geral. Todo positivismo é, no fundo, hegelianismo. Do lado católico, seria preciso reconhecer que seria bastante desejável que a crítica e a exegese bíblicas tivessem por base uma filosofia da realidade religiosa enquanto tal, adequadamente elaborada. O esplêndido livro do Padre Lagrange sobre *Le Méthode Historique* (O Método Histórico) bem mereceria uma elaboração filosófica que extraísse seu sentido completo. Por exemplo, o problema da "verdade", *stricto sensu*, de cada gênero literário é mil vezes invocado, com bons motivos, nesse livro. Mas ninguém, que eu saiba, se colocou formalmente a questão, do ponto de vista filosófico, do problema da expressão histórica da verdade.

Outro exemplo de importância capital. Como seria possível ignorar que uma elaboração orgânica do tratado *De Ecclesia* depende, em grande parte, de uma filosofia precisa da realidade histórica e social?

Isto não significa que a filosofia da religião deva ser elaborada com critérios que não derivem da própria filosofia. Nessa questão, para um católico, a relação entre a filosofia e a Igreja não é diferente da existente entre outros ramos da filosofia.

Portanto, não é uma tarefa banal. Mas tampouco é fácil. Percebe-se bem nitidamente, no pensamento contemporâneo, a insuficiência da filosofia hegeliana do espírito. Mas, infelizmente, nada se produziu ainda que possa substituí-la plenamente. Certamente, a filosofia tradicional possui riquezas enormes a esse respeito; por exemplo, o *De Vera Religione*, de Santo Agostinho, e certos escritos de Santo Tomás, etc. Mas, em primeiro lugar, esses tesouros são às vezes bem díspares; nós os encontramos dispersos a respeito das questões mais diversas: *De Deo Uno*, *De Religione*, etc. Quanto eles não ganhariam em lucidez e em poder de esclarecimento se fossem sistematicamente unidos uns aos outros! Em segundo lugar, muito, nesses tesouros, ainda permanece oculto e só pode vir à luz pelo contato dessas ideias com os fatos ou novos aspectos, ou os problemas que se colocam hoje. Além disso, não seria permitido se aproveitar de alguns dos novos enriquecimentos da filosofia contemporânea? É uma necessidade urgente reunir e desenvolver em um corpo orgânico, à altura de nossa época, todas essas noções, e enriquecê-las seguindo a linha que elas mesmas nos indicam. Não seria possível negar que, assim como os séculos passados foram, sobretudo, os séculos das ciências da Natureza, assim também o futuro pertencerá às ciências do espírito. Desde a época nominalista, a filosofia, após haver tornado possível nossa ciência da natureza, sofreu, em diferentes aspectos e em medidas diversas, a influência desta última. Hoje a filosofia se encontra em um momento de virada decisivo de sua história; ela tornará possível uma ciência estrita e rigorosa do espírito, em todas as suas dimensões; ela sofrerá, não resta dúvida alguma, a influência desta, de maneira comparável, em extensão e profundidade, à outrora recebida da ciência da natureza.

*

Por via de sugestão, a fim de tornar mais concreta essa ordem de ideias, eu gostaria de fornecer um exemplo tomado ao acaso: a ideia do *sacrifício* na religião.

O último livro de Bergson apresenta o sacrifício como um dom, que o aproximaria das oferendas religiosas. Loisy criticou vivamente essa ideia, mostrando os diferentes tipos de sacrifícios: sacrifícios tendentes a promover o ritmo das estações e da vegetação; sacrifícios divinatórios, imprecatórios, de purificação, de expiação, etc., etc. E conclui: "O sacrifício é o que diz seu nome, etimologicamente compreendido: uma ação sagrada cuja especificidade é se exercer para além da experiência de nossos meios ordinários, e que figura pelo gesto o objeto que se pretende atingir".[3] Sem entrar em detalhes, vê-se claramente que essas concepções, por mais opostas que possam ser, coincidem, contudo, em uma omissão essencial do ponto de vista filosófico. Ambas partem de que, no sacrifício, existe uma relação com a divindade. Mas, em vez de insistir nesse ponto, o olhar desliza, por assim dizer, para o mecanismo dessa relação. E, enquanto para Bergson, tratar-se-ia de um dom, para Loisy trata-se de uma ação mágica. No entanto, teria sido interessante insistir mais longamente nessa relação entre o homem e a divindade. Teria sido preciso perguntar o que é o sacrifício, e não simplesmente para quê, para quem, como, ou

---

[3] *Y a-t-il Deux Sources de la Religion et de la Morale?* Paris, Emile Nourry, 1933, p. 90.

quem é aquele que o oferece. Em outros termos, em que consiste essa forma particular de relação com a divindade que se chama "sacrificar"? Em que consiste formalmente o sacrifício? A intenção ou o rito poderão ser o que se quiser; há sempre, no sacrifício, um momento essencial: a imolação enquanto tal. Imolar não é simplesmente matar. Entre as diferentes maneiras de provocar a morte de um ser vivo, só há uma que mereceria realmente o nome de sacrifício. Em que consiste essa maneira? O que se entende por imolar uma vítima em sacrifício?

Sem entrar em desenvolvimentos mais extensos, basta indicar alguma dimensão essencial do sacrifício. Há, nele, uma oferenda da vítima à divindade. E o que se oferece é o ser mesmo da vítima. Independentemente de toda consideração de ordem mais complexa, a vida de um animal é apreendida na vida cotidiana como o ser mesmo do animal. De um animal morto dizemos que ele *já não é mais* (já não existe), embora restem todos os elementos que constituíram seu corpo. Para uma percepção imediata das coisas, a vida não é uma organização das partes que compõem o corpo; qualquer que seja a ideia que os diferentes povos fizeram da vida, sempre se viu nela alguma coisa mais que uma simples força; é uma coisa superior, é o ser próprio do ser vivo. É ela que lhe confere sua realidade. Eis o essencial. Ao imolar a vítima, o homem visa ao mais íntimo e radical desta, a seu ser mesmo. Ao oferecê-la à divindade, ele oferece a esta o mais real da realidade; a realidade do ser vivo enquanto tal. Nessa oferenda ele reconhece e admite a soberania (emprego essa expressão vaga para não ampliar a questão) dos deuses em relação ao ser das coisas, ou, pelo menos, oferece-se esse ser em homenagem à divindade. Por essa via, a oferenda de todo sacrifício insere aquele que oferece a vítima na situação radical de aniquilação em face da divindade; à aniquilação do sacrificador corresponde a erradicação da vítima.

Não é necessário acrescentar que a estrutura dessa relação não precisa ser explícita para ser real. A consciência conceitual do princípio de contradição e das grandes categorias ontológicas nem sempre foi explícita, o que não impede que tenham sempre tido uma ação efetiva. De modo que a filosofia é em grande parte o esclarecimento conceitual do que somos e apreendemos espontaneamente.

Sobre essa relação fundamental de imolação se articulam todos os outros momentos do sacrifício: aquele para o qual ele é dirigido, o campo de ação da divindade em questão, o motivo que leva o homem a lhe oferecer o sacrifício, a forma concreta que este assume, etc.; mas, repito, tudo isso supõe, previamente, numa forma mais ou menos grosseira, a relação entitativa com a divindade.

Poderíamos multiplicar os exemplos. E precisamente sua interpretação sistemática é o objetivo mesmo da filosofia da religião. À sua luz, é verdade, não se decifram novos textos, assim como não se descobrem novas práticas religiosas. Mas sem ela é mais que duvidoso que se possa compreender o sentido daquilo que a história religiosa nos oferece. A filosofia da religião deve fornecer algo como as categorias ontológicas da realidade religiosa. O contrário seria pretender ver as coisas sem luz. Seria, devido a isso, exemplar extrair dos trabalhos aparentemente mais positivos as ideias hermenêuticas que, insensível e inexoravelmente, se insinuaram aí.

*

Numa série de seis lições que me propõe de maneira tão amável o Instituto Católico de Paris, tratarei de alguns desses grandes problemas da filosofia religiosa.

Antes de tudo, o problema primordial da religião enquanto tal. O livro de Bergson suscitou novamente o problema *das fontes da religião*. É essencial levar o problema para seu verdadeiro terreno, e tentar especificar a dimensão ontológica do homem na qual descobrimos sua religiosidade. Ver-se-á, então, que do ponto de vista de uma interpretação da realidade imediata a religião é uma dimensão constitutiva do ser humano, anterior a toda especificação de suas faculdades. A religião é uma forma do ser humano.

Devido ao fato de que se trata de uma forma radical do ser humano, a religião nos põe diante do universo como um todo, enquanto ligado em seu ser a alguma coisa suprema. O "problema de Deus" (Blondel, Le Roy) permanece posto, assim, pelo fato mesmo de que a religião é uma forma radical de nosso ser.

Porém a religião, ao nos pôr em face de Deus, põe a nós mesmos numa maneira de ser religiosa. Em que consiste ela? A realidade humana possui múltiplas vertentes e aspectos. Em primeiro lugar, o aspecto pessoal de cada homem. A religião afeta a raiz mais profunda dessa personalidade, desde suas manifestações mais modestas da vida cotidiana até suas expressões mais excepcionais nos estados místicos. Em que consiste essa via religiosa? Constituirá ela, no rigor do termo, uma verdadeira "experiência religiosa", como se pretendeu há vários anos (W. James, Delacroix, Baruzi)? A *vida* religiosa é uma *experiência* religiosa?

Mas o homem, além de sua dimensão pessoal, possui uma dimensão coletiva. A religião se configura em ritos, organizações coletivas, etc. (Durkheim, Lévi-Bruhl). Qual é, para a religião, a significação de tudo isso? Que relação existe entre essas formas sociais da religião e a própria religião? Por que a religião se configura em forma social?

Além disso, a pessoa humana, coexistindo coletivamente com os outros homens e formando sociedade com eles, possui ainda uma dimensão temporal essencial. *Diferentemente* das outras coisas, o homem não é somente no tempo, mas é temporal; não só *possui* uma *história*, mas também *é histórico*. Em que consiste o caráter histórico da realização efetiva da religião (Reinach, Harnack, Loisy)? Historicamente, existe um grande número de religiões; cada uma delas, por sua vez, possui um desenvolvimento histórico dependente ou independente das outras religiões. Qual o sentido dessa expansão temporal da religião?

Temos, então, primeiramente a religião como forma do ser humano. Em segundo lugar, a religião diante do ser supremo, Deus. Em último lugar, a religião e a vida humana em sua tripla dimensão pessoal, social e histórica.

Mas resta ainda, entre outros, um problema que quase sempre (e o "quase", emprego-o por prudência) falta em muitos trabalhos de filosofia religiosa. Independentemente do que são essas pretensões e se elas estão ou não justificadas, toda religião pretende ser verdadeira. Não compete à filosofia decidir sobre o valor dessas pretensões, nem, por conseguinte, discernir a verdadeira religião. Mas isto não significa que ela possa não se colocar o problema da vida religiosa. É preciso, somente, que o faça de maneira puramente filosófica. A lógica, do mesmo modo, não poderia decidir em relação a cada uma das pesquisas científicas; porém fica bem claro que ela não pode deixar de abordar o problema da verdade. A filosofia toma o problema da verdade da religião, em primeiro lugar, como uma pretensão. E nós nos perguntamos, então, em que consiste o atributo "verdadeiro", quando o aplicamos à religião. Ou seja, assim como a verdade filosófica é diferente da verdade científica, e assim como ambas são diferentes da verdade vital, podemos nos perguntar igualmente em que consiste especificamente uma verdade religiosa (W. James, Hoefding, Boutroux, etc.). Não se trata de uma só, ou de várias, ou mesmo de todas as verdades enunciadas por uma religião, mas de alguma coisa mais profunda e radical. As religiões, com efeito, não reivindicam somente a verdade de cada um de seus elementos, mas, anteriormente a estes e acima deles, toda religião pretende ser verdadeira, por assim dizer, como um todo. Toda religião pretende ser uma *vera religio*, e requer uma adesão de certo modo global. Em que consiste, assim compreendida, *a verdade da religião*? Isto nos conduzirá, então, a um último esclarecimento da natureza da realidade religiosa. Com esse problema da verdade recaímos, por meio de um desvio, no ponto de partida: a religião como forma do ser humano.

Os seis problemas que abordarei possuem, assim, a unidade sistemática inerente ao objeto da filosofia: a unidade ontológica e fundamental entre o ser, o espírito e a verdade.

Dados Internacionais de Catalogação na Publicação (CIP)
(Câmara Brasileira do Livro, SP, Brasil)

Introdução ao pensamento de Xavier Zubiri (1898-1983): por uma filosofia de realidade / [direção de] Philibert Secretan; tradução Luiz Paulo Rouanet. – São Paulo: É Realizações, 2013. – (Coleção filosofia atual)

Título original: Introduction à la pensée de Xavier Zubiri (1898-1983)
Vários autores.
ISBN 978-85-8033-154-7

1. Filosofia espanhola 2. Filósofos - Espanha 3. Zubiri, Xavier, 1898-1983 - Crítica e interpretação I. Secretan, Philibert, 1926-. II. Série.

13-12750 CDD-196.1

Índices para catálogo sistemático:
1. Filosofia espanhola   196.1

Este livro foi impresso pela Edições Loyola para É Realizações, em janeiro de 2014. Os tipos usados são Minion Condensed e Adobe Garamond Regular. O papel do miolo é off pólen bold 90g, e o da capa, cordenons stardream júpiter 285g.